BEM-VINDO AO DESERTO DO REAL!

COLEÇÃO
ESTADO de SÍTIO

SLAVOJ ŽIŽEK

BEM-VINDO AO DESERTO DO REAL!

CINCO ENSAIOS SOBRE O 11 DE SETEMBRO E DATAS RELACIONADAS

Copyright © Slavoj Žižek, 2002
Copyright da tradução © Boitempo, 2003

Título original:
Welcome to the Desert of the Real! Five Essays on September 11 and Related Dates
Verso, Londres, Nova Iorque, 2002

Coordenação editorial: Ivana Jinkings e Tulio Kawata
Coordenação de produção: Livia Campos
Tradução: Paulo Cezar Castanheira
Revisão: Maísa Kawata
Diagramação: Nobuca Rachi
Capa: Andrei Polessi

Dados Internacionais de Catalogação na Publicação (CIP)
(Câmara Brasileira do Livro, SP, Brasil)

Žižek, Slavoj
Bem-vindo ao deserto do Real! : cinco ensaios sobre o 11 de Setembro e datas relacionadas / Slavoj Žižek ; [tradução Paulo Cezar Castanheira]. – São Paulo : Boitempo Editorial, 2003. – (Estado de sítio)

Título original: Welcome to the desert of the real! : five essays on September 11 and related dates
Bibliografia.
ISBN 978-85-7559-035-5

1. Ataques terroristas de 11 de setembro de 2001 – Influência 2. Comunicação de massa – Aspectos políticos – Estados Unidos 3. Cultura popular – Aspectos políticos – Estados Unidos 4. Estados Unidos – Política e governo – 2001 – 5. Estados Unidos – Relações exteriores – 2001 – 6. Guerra ao terrorismo, 2001 – Influência I. Título. II. Série.

03-6601   CDD-973.931

Índice para catálogo sistemático:
1. Estados Unidos : Administração de George W. Bush : História   973.931

É vedada a reprodução de qualquer
parte deste livro sem a expressa autorização da editora.

1ª edição: novembro de 2003; 1ª reimpressão: fevereiro de 2005;
2ª reimpressão: julho de 2008; 1ª edição revista: abril de 2011;
1ª reimpressão: fevereiro de 2013; 2ª reimpressão: dezembro de 2015;
3ª reimpressão: outubro de 2020

BOITEMPO
Jinkings Editores Associados Ltda.
Rua Pereira Leite, 373 – Sumarezinho
05442-000 São Paulo SP
Tel.: (11)3785-7285 / 3872-6869
editor@boitempoeditorial.com.br | www.boitempoeditorial.com.br
www.blogdaboitempo.com.br | www.facebook.com/boitempo
www.twitter.com/editoraboitempo | www.youtube.com/tvboitempo

Para Pamela Pascoe
e Eric Santner,
sem nenhuma dúvida!

SUMÁRIO

Prefácio à edição brasileira: Um ano depois 9

Introdução: A tinta que falta 15

1   Paixões do Real, paixões do semblante 19

2   Reapropriações: A lição do mulá Omar......................49

3   A felicidade depois do 11 de Setembro 77

4   De *Homo otarius* a *Homo sacer*..............................103

5   De *Homo sacer* a próximo 133

Conclusão: O cheiro do amor 157

Posfácio: A política do Real de Slavoj Žižek....................179

PREFÁCIO À EDIÇÃO BRASILEIRA:
UM ANO DEPOIS

O que aconteceu durante o ano que se seguiu ao 11 de Setembro? Em *Minority Report* (2002), último filme de Steven Spielberg, baseado num conto de Philip K. Dick, os criminosos são presos antes de cometer seus crimes, pois três humanos que, mediante experimentos científicos monstruosos, adquiriram a capacidade de ver o futuro, podem prever seus atos (o "relatório da minoria" do título refere-se aos raros casos em que um dos três médiuns empregados pela polícia discorda dos outros dois com relação ao crime que vai ser cometido)... Se essa ideia fosse transposta para as relações internacionais, teríamos a nova "doutrina Bush (ou melhor, Cheney)", agora publicamente declarada a "filosofia" oficial americana de política internacional (nas 31 páginas do documento intitulado "A Estratégia de Segurança Nacional", lançado pela Casa Branca em 20 de setembro de 2002)? Seus principais pontos são: o poder militar americano deve permanecer "fora de qualquer contestação" no futuro previsível; dado que hoje o principal inimigo é um fundamentalista "irracional" que, ao contrário dos comunistas, carece até mesmo do sentido elementar de sobrevivência e do respeito de seu próprio povo, a América tem o direito a ataques preventivos, ou seja, a atacar países que ainda não representam uma ameaça clara contra os Estados Unidos, mas que, no futuro, *poderiam.*

Apesar de deverem procurar formar coalizões internacionais *ad hoc* para tais ataques, os EUA devem se reservar o direito de agir independentemente caso não consigam reunir o apoio internacional suficiente.

Assim, apesar de apresentarem sua dominação sobre outros Estados soberanos como baseada num paternalismo benevolente que leva em conta os interesses de outros Estados, os EUA se reservam o direito último de *definir* os "verdadeiros" interesses de seus aliados. A lógica é formulada claramente: abandona-se até mesmo a fachada do direito internacional neutro, pois, quando os EUA perceberem uma ameaça potencial, solicitarão formalmente o apoio de seus aliados, mas a concordância destes não será fundamental, pois a mensagem subjacente é: "vamos fazê-lo, com ou sem vocês"; ou seja, vocês podem concordar, mas não podem discordar – aqui se reproduz o velho paradoxo da escolha imposta, a liberdade de escolher com a condição de que se faça a escolha certa.

O descontentamento dos EUA com Gerhardt Schroeder em setembro de 2002, quando este ganhou as eleições com uma posição de firme oposição à intervenção no Iraque, foi um descontentamento com o fato de Schroeder ter agido como político normal numa democracia em funcionamento e como líder de um Estado soberano – apesar de concordar que o Iraque representa uma ameaça, ele simplesmente manifestou a discordância com a forma proposta pelos EUA para enfrentá-la, declarando assim uma opinião partilhada não apenas por muitos outros Estados, mas também por uma considerável porcentagem do povo e do Congresso americanos. Schroeder foi, assim, o primeiro a sentir todo o gosto da doutrina Bush – e, para perseguir até mais longe a homologia, sua discordância com os planos americanos de ataque preventivo ao Iraque não seria exatamente uma espécie de "relatório da minoria" na vida real, ao indicar sua discordância com a forma como os outros viam o futuro?

Ainda temos na lembrança a lógica MAD (Mutually Assured Destruction [Destruição Mútua Assegurada]) elaborada no apogeu da Guerra Fria; vista em retrospectiva, comparada à doutrina Bush, a lógica MAD até parece relativamente racional. Na década de 1970, Bernard Brodie mostrou como funcionava efetivamente essa lógica: "É um estranho paradoxo do nosso tempo que um dos fatores cruciais que fazem funcionar efetivamente a dissuasão nuclear, e funcionar tão bem, é o medo oculto de que, numa crise realmente séria, ela possa falhar. Nessas circunstâncias, *não se brinca com o destino*. Se tivéssemos absoluta certeza de que a dissuasão nuclear é cem por cento eficaz no seu papel de proteger contra um ataque nuclear, então seu valor dissuasivo contra uma guerra convencional cairia para perto de zero".

Em resumo, a estratégia MAD funcionava bem não porque fosse perfeita, mas exatamente por causa de sua imperfeição. A estratégia perfeita (se um dos lados ataca nuclearmente o outro, este automaticamente vai responder, e os dois serão destruídos) tinha um defeito fatal: e se o lado atacante contar com o fato de que, mesmo depois do primeiro ataque, seu adversário continue agindo racionalmente? A escolha deste, então, passa a ser: com seu país praticamente destruído, ele pode responder ao ataque, causando assim uma catástrofe total e o fim da humanidade, ou pode *não responder ao ataque*, permitindo assim a sobrevivência da humanidade e assim pelo menos a possibilidade de ressurgimento de seu próprio país. Um agente racional teria adotado a segunda opção. O que torna a estratégia eficiente é o fato mesmo de não se poder ter certeza de que ela vai funcionar perfeitamente: o que acontecerá se uma situação sair de controle por uma variedade de razões imagináveis (desde a agressividade "irracional" de um dos lados, até falhas tecnológicas simples ou de comunicação)? É por causa dessa ameaça permanente que os dois lados evitam se aproximar demais da

12 • Bem-vindo ao deserto do Real!

perspectiva da MAD, e por isso *os dois evitam até mesmo a guerra convencional*; se fosse perfeita, a estratégia endossaria a atitude: "vamos lutar uma guerra convencional total, pois sabemos que nenhum dos dois lados vai arriscar o passo fatal em direção ao ataque nuclear!". Assim, a constelação real da MAD não é a de que, "se seguirmos a estratégia MAD, uma catástrofe nuclear nunca vai ocorrer", e sim a de que, "se a seguirmos, uma catástrofe nuclear nunca vai ocorrer *a não ser por um incidente imprevisível*". (E o mesmo vale hoje para a perspectiva de uma catástrofe ecológica: se não fizermos nada, ela vai acontecer, e se fizermos tudo que for possível, ela não vai ocorrer, *a não ser por um desastre imprevisível.*)

Hoje, o problema da "doutrina Bush" é que, com ela, o círculo se fecha e não há mais espaço para a "realista" abertura para o imprevisível que sustentava a doutrina MAD: a "doutrina Bush" se apoia na afirmação violenta da lógica paranoica do controle total sobre uma ameaça *futura* e de ataques preventivos contra ela – é evidente o absurdo dessa abordagem no universo de hoje, em que o conhecimento circula livremente. O elo entre o presente e o futuro é fechado: a perspectiva de um ato terrorista assustador é hoje evocada para justificar incessantes ataques preventivos. O estado em que vivemos hoje, da "guerra ao terror", é o estado da ameaça terrorista eternamente suspensa: a Catástrofe (o novo ataque terrorista) é considerada certa, mas ela é indefinidamente adiada – o que vier a acontecer, ainda que seja um ataque muito mais horrível do que o de 11 de setembro, não será "aquele". E aqui é crucial que se entenda que a verdadeira catástrofe *já é* esta vida sob a sombra da ameaça permanente de uma catástrofe.

Recentemente, Terry Eagleton chamou atenção para os dois modos opostos de tragédia: o Evento grande, espetacular, catastrófico, a irrupção abrupta vinda de outro mundo, e a árida persistência de uma condição sem esperança, a frustrante existência que continua indefinidamente, a vida como uma longa emergência. Essa a grande diferença entre as grandes catástrofes do Primeiro Mundo, como o 11 de Setembro, e a árida catástrofe permanente dos, por exemplo, palestinos da Margem Ocidental. O primeiro tipo de tragédia, a figura contra o cenário "normal", é característico do Primeiro Mundo, ao passo que, em grande parte do Terceiro, catástrofe designa o próprio cenário sempre presente.

E foi assim que funcionou efetivamente a catástrofe de 11 de setembro: foi a figura catastrófica que nos fez, no Ocidente, tomar consciência do cenário ditoso de nossa felicidade. E da necessidade de defendê-lo contra o ataque dos estrangeiros... em resumo, ela funcionou exatamente de acordo com o princípio da Alegria Condicional de Chesterton: à pergunta "por que essa catástrofe? Por que não podemos ser sempre felizes?", a resposta é "e por que deveríamos ser sempre felizes?". O 11 de Setembro veio provar que somos felizes e que os outros *invejam* a nossa felicidade. Seguindo essa lógica, deve-se então arriscar a tese de que, longe de arrancar os EUA de seu sono ideológico, o 11 de Setembro foi usado como o sedativo que permitiu à ideologia dominante "renormalizar-se": o período que se seguiu à Guerra do Vietnã foi um longo trauma para a ideologia hegemônica – que foi obrigada a se defender de dúvidas críticas, os vermes que a roíam continuamente não podiam ser eliminados, toda volta à inocência era sentida como uma fraude... até o dia 11 de setembro, quando os EUA foram a vítima, e portanto puderam reafirmar a inocência de sua missão. Em resumo, longe de acordar os EUA, o 11 de Setembro nos fez dormir outra vez, continuar nosso sonho depois do pesadelo das últimas décadas.

Aqui, a ironia última é que, a fim de restaurar a inocência do patriotismo americano, o *establishment* conservador americano mobilizou o principal ingrediente da ideologia politicamente correta que ele oficialmente despreza: a lógica da vitimização. Apoiando-se na ideia de que a autoridade é conferida (apenas) aos que falam da posição de *vítima*, ele se baseava no seguinte raciocínio implícito: "Agora nós somos as vítimas, e é isso que legitima o fato de falarmos (e agirmos) de uma posição de autoridade". Assim, quando se ouve hoje o *slogan* de que terminou o sonho liberal da década de 1990, que, com os ataques ao WTC, fomos violentamente atirados de volta ao mundo real, que acabaram os tranquilos jogos intelectuais, devemos nos lembrar de que esse chamado ao enfrentamento da dura realidade é ideologia em estado puro. O *slogan* de hoje, "Americanos, acordem!", é uma lembrança distante do grito de Hitler, "Deutschland, erwache!", que, como Adorno escreveu há muito tempo, significava exatamente o contrário.

Então, o que estamos deixando de ver quando sonhamos o sonho da "guerra ao terror"? Talvez a primeira coisa a ser notada aqui é a profunda satisfação dos comentaristas americanos ao afirmar que, depois do 11 de Setembro, o movimento antiglobalização perdeu sua *raison*. E se essa satisfação nos disser mais do que deveria? E se a Guerra ao Terror não for tanto uma resposta aos ataques terroristas quanto uma resposta ao crescimento do movimento antiglobalização, um meio de contê-lo e afastar a atenção dele? E se esse "efeito colateral" da Guerra ao Terror for o seu verdadeiro objetivo? Tem-se aqui a tentação de dizer que estamos tratando com um caso do que Stephen Jay Gould chamou de exaptação (ideológica): o fato de o aparente efeito ou ganho secundário (o fato de que o protesto contra a globalização estar agora relacionado entre a série de aliados dos "terroristas") ser crucial.

INTRODUÇÃO:
A TINTA QUE FALTA

Numa antiga anedota que circulava na hoje falecida República Democrática Alemã, um operário alemão consegue um emprego na Sibéria; sabendo que toda correspondência será lida pelos censores, ele combina com os amigos: "Vamos combinar um código: se uma carta estiver escrita em tinta azul, o que ela diz é verdade; se estiver escrita em tinta vermelha, tudo é mentira". Um mês depois, os amigos recebem uma carta escrita em tinta azul: "Tudo aqui é maravilhoso: as lojas vivem cheias, a comida é abundante, os apartamentos são grandes e bem aquecidos, os cinemas exibem filmes do Ocidente, há muitas garotas, sempre prontas para um programa – o único senão é que não se consegue encontrar *tinta vermelha*". Neste caso, a estrutura é mais refinada do que indicam as aparências: apesar de não ter como usar o código combinado para indicar que tudo o que está dito é mentira, mesmo assim ele consegue passar a mensagem; como? *Pela introdução da referência ao código, como um de seus elementos, na própria mensagem codificada.* Evidentemente, este é o problema padrão da autorreferência: como a carta foi escrita em tinta azul, todo o seu conteúdo não teria de ser verdadeiro? A resposta é que o fato de a mensagem ter mencionado a inexistência de tinta vermelha indica que ela *deveria* ter sido escrita em vermelho. O interessante é que esta menção à inexistência de tinta vermelha produz o efeito da verdade *independentemente da sua própria verdade literal*: ainda que houvesse tinta vermelha, a mentira de ela não existir é a única forma de transmitir a mensagem verdadeira naquela condição específica de censura.

Não é esta a matriz de uma crítica eficaz da ideologia – não somente em condições "totalitárias" de censura, mas, talvez ainda mais, nas condições mais refinadas da censura liberal? Começa-se pela concordância com relação à existência de todas as liberdades desejadas – e então simplesmente se acrescenta que a única coisa em falta é a "tinta vermelha": sentimo-nos livres pela falta de uma língua em que articular nossa não liberdade. Esta falta de tinta vermelha significa que atualmente todos os termos usados para descrever o presente conflito – "guerra contra o terrorismo", "democracia e liberdade", "direitos humanos", etc. – são termos falsos, que mistificam nossa percepção da situação em vez de nos permitir pensá-la. Neste sentido preciso, nossas "liberdades" servem para mascarar e manter nossa infelicidade mais profunda. Cem anos atrás, ao enfatizar a aceitação de algum dogma fixo como a condição da verdadeira liberdade, Gilbert Keith Chesterton percebeu claramente o potencial antidemocrático do princípio de liberdade de pensamento:

> Em termos gerais, podemos afirmar que o livre pensamento é a melhor de todas as salvaguardas contra a liberdade. Aplicada conforme o estilo moderno, a emancipação da mente do escravo é a melhor forma de evitar a emancipação do escravo. Basta lhe ensinar a se preocupar em saber se quer realmente ser livre, e ele não será capaz de se libertar.[1]

---

[1] Gilbert Keith Chesterton, *Orthodoxy*, San Francisco, Ignatius Press, 1955, p. 114.

E não seria isso enfaticamente verdadeiro com relação à época pós-moderna, em que existe a liberdade de desconstruir, duvidar, distanciar-se? Não devemos esquecer de que a afirmação de Chesterton é a mesma afirmação feita por Kant em seu "O que é o Iluminismo?": "Pense o quanto quiser, com toda a liberdade que quiser, mas obedeça!". A única diferença é que Chesterton é mais específico, e esclarece o paradoxo implícito oculto no raciocínio de Kant: a liberdade de pensamento não somente não solapa a servidão social real, mas na verdade a sustenta. O antigo lema, "Não pense, obedeça!", a que Kant reage, é na verdade contraprodutivo: ele gera a rebelião; a única forma de garantir a servidão social é por meio da liberdade de pensamento. Chesterton também é suficientemente lógico para afirmar o oposto do lema de Kant: a luta pela liberdade exige a referência a um dogma inquestionável.

Num diálogo clássico de uma comédia de Hollywood, a mocinha pergunta ao namorado: "'Você quer se casar comigo?' 'Não.' 'Ora, pare de enrolar! Quero uma resposta direta.'" De certa forma, a lógica subjacente está correta: a única resposta aceitável para a moça é "Quero!", e, assim, qualquer outra coisa, inclusive um "Não!" definitivo, é percebida como evasão. A lógica oculta é evidentemente a mesma que está por trás da escolha imposta: você tem a liberdade de escolher o que quiser, desde que faça a escolha certa. Não seria este o mesmo paradoxo utilizado por um padre numa discussão com um leigo? "'Você acredita em Deus?' 'Não.' 'Pare de fugir da discussão. Quero uma resposta direta.'" Mais uma vez, na opinião do padre, a única resposta direta é afirmar a crença em Deus: longe de ser vista como uma posição diretamente simétrica, a negação de crença por parte do ateu é vista como uma tentativa de evitar o problema do encontro divino. E não é exatamente o que se dá com a escolha entre "democracia ou fundamentalismo"? Não é verdade que, nos termos desta escolha, é simplesmente impossível escolher o "fundamentalismo"? O que é problemático na forma como a ideologia dominante nos impõe esta escolha não é o fundamentalismo, mas a *própria democracia*: como se a única alternativa ao "fundamentalismo" fosse o sistema político da democracia parlamentar liberal.

1
PAIXÕES DO REAL,
PAIXÕES DO SEMBLANTE

Quando, no caminho entre sua casa e o teatro, em julho de 1953, Brecht passou por uma coluna de tanques soviéticos que se dirigia para a *Stalinallee* a fim de esmagar a rebelião operária, ele os saudou e mais tarde escreveu em seu diário que, naquele momento, ele (que nunca foi membro do partido) sentiu-se tentado pela primeira vez na vida a se filiar ao Partido Comunista. Não que Brecht tolerasse a crueldade da luta, na esperança de que ela trouxesse um próspero futuro: a dureza da violência pura foi entendida e aceita como um sinal de autenticidade... Não é um caso exemplar do que Alain Badiou identificou como a principal característica do século XX: a paixão pelo Real [*la passion du réel*]?[1] Ao contrário do século XIX dos projetos e ideais utópicos ou científicos, dos planos para o futuro, o século XX buscou a coisa em si – a realização direta da esperada Nova Ordem. O momento último e definidor do século XX foi a experiência direta do Real como oposição à realidade social diária – o Real em sua violência extrema como o preço a ser pago pela retirada das camadas enganadoras da realidade.

Nas trincheiras da Primeira Guerra Mundial, Ernst Jünger já celebrava o combate corpo-a-corpo como o autêntico encontro intersubjetivo: a autenticidade reside no ato de violenta trans-

---

[1] Ver Alain Badiou, *Le siècle*, a ser lançado pelas Éditions du Soleil, Paris.

20 • Bem-vindo ao deserto do Real!

gressão, do Real lacaniano – a Coisa enfrentada por Antígona ao violar a ordem da Cidade – até o Excesso batailleano. No domínio da própria sexualidade, o ícone dessa "paixão pelo real" é *O império dos sentidos*, de Nagisa Oshima, um filme *cult* japonês da década de 1970 em que a relação amorosa de um casal se radicaliza em mútua tortura até a morte. E a figura mais extrema da paixão pelo real não seria a opção que nos é oferecida pelos *sites* pornográficos de observar o interior da vagina do ponto de vista de uma minicâmera instalada na ponta de um pênis artificial que a penetra? Nesse ponto extremo ocorre uma mudança: quando se chega muito próximo do objeto desejado, as fantasias eróticas se transformam em repugnância diante do Real da carne exposta.[2]

Outra versão da mesma "paixão pelo Real", em oposição ao "serviço dos bens" na realidade social, é claramente visível na revolução cubana. Ao transformar necessidade em virtude, a Cuba de hoje continua heroicamente a desafiar a lógica capitalista do desperdício e da obsolescência planejada: muitos dos produtos usados lá são tratados no Ocidente como sucata – não somente os conhecidos carrões americanos da década de 1950 que ainda funcionam quase por mágica, mas até mesmo muitos ônibus escolares amarelos canadenses (em que as antigas legendas em inglês e francês ainda são perfeitamente legíveis), provavelmente doados a Cuba e usados desde então no transporte público.[3]

---

[2] Cabe aqui uma nota pessoal: quando, no início da década de 1990, eu me vi envolvido na política eslovena, tive minha própria experiência da paixão pelo Real: quando pensaram em mim para ocupar um cargo no governo, o único que me interessava era o de ministro do Interior ou o de chefe do serviço secreto – a ideia de ser o ministro da Educação, da Cultura ou da Ciência me pareceu absolutamente ridícula, indigna até mesmo de uma avaliação séria.

[3] Essa desconformidade em relação ao capitalismo fica também evidente na forma como Cuba continua a adotar esse belo exemplo de contabilidade simbólica: para se tornar válido, qualquer acontecimento deve ser

Temos assim o paradoxo de, numa era frenética de capitalismo global, o principal resultado da revolução é reduzir a dinâmica social à imobilidade – o preço a ser pago pela exclusão da rede global capitalista. Temos aqui uma estranha simetria entre Cuba e as sociedades pós-industriais ocidentais: nos dois casos, uma mobilização frenética esconde uma imobilidade fundamental. Em Cuba, a mobilização revolucionária oculta a estagnação social; no Ocidente desenvolvido, a atividade social frenética oculta a mesmice básica do capitalismo global, a inexistência de um Acontecimento...

Walter Benjamin definiu o momento messiânico como o da *Dialektik im Stillstand*, a dialética imobilizada: na expectativa do Evento Messiânico, a vida se imobiliza. Não seria Cuba um exemplo dessa imobilidade, uma espécie de tempo messiânico negativo: a imobilidade social em que "o final dos tempos está próximo" e todos esperam o Milagre do que acontecerá quando Castro morrer e o socialismo entrar em colapso? Portanto, é natural que, além dos relatórios e do noticiário políticos, os principais itens da programação da televisão cubana sejam cursos de inglês – um número incrível deles, cinco a seis horas todo dia. Paradoxalmente, a própria volta à normalidade capitalista antimessiânica é sentida como o objeto da expectativa messiânica – aquilo que o país simplesmente espera, em estado de animação congelada.

---

inscrito no grande Outro. Em 2001, o quadro de avisos de um hotel de Havana exibia a seguinte informação: "Prezados hóspedes, a fim de atender ao programa de fumigação deste hotel, o hotel será fumigado no dia 9 de fevereiro das 3 às 9 da tarde". Qual a razão do excesso de informação? Por que não informar simplesmente aos hóspedes que o hotel seria fumigado? Por que a fumigação precisava ser coberta por um "programa de fumigação"? (E também se poderia perguntar se, nessas condições, seria essa a forma de combinar um encontro sexual: não o conhecido processo da sedução, mas "Querida, para atender ao nosso programa sexual, você não gostaria de...".)

Em Cuba, as próprias renúncias são sentidas/impostas como prova da autenticidade do Evento revolucionário – o que em psicanálise é chamado de lógica da castração. Toda a identidade político-ideológica se baseia na fidelidade à castração (afinal, o Líder se chama Fidel Castro!): a contrapartida do Evento é uma inércia crescente do ser e da vida sociais: um país congelado no tempo, com velhos edifícios decadentes. Não que o Evento revolucionário tenha sido "traído" pelo estabelecimento termidoriano de uma nova ordem; a própria insistência no Evento levou à imobilização no plano do ser social positivo. As casas decadentes *são* a prova da fidelidade ao Evento. É natural que a iconografia revolucionária na Cuba de hoje esteja cheia de referências cristãs – apóstolos da Revolução, a elevação do Che a uma figura semelhante a Cristo, o Eterno ("lo Eterno" – título de uma canção sobre ele cantada por Carlos Puebla): quando a eternidade intervém no tempo, este se imobiliza. Não é surpresa que a impressão básica oferecida por Havana em 2001 fosse a de que os habitantes originais haviam fugido, e *que os invasores tinham tomado a cidade* – deslocados naqueles edifícios magníficos temporariamente ocupados, subdividindo com painéis de madeira os grandes espaços, e assim por diante. Nesse caso, é reveladora a imagem de Cuba que obtemos de alguém como Pedro Juan Gutiérrez (sua "trilogia suja de Havana"): o "ser" cubano por oposição ao Evento revolucionário – a luta diária pela sobrevivência, a fuga no sexo violento e promíscuo, agarrando cada dia sem projetos para o futuro. A inércia obscena é a "verdade" do Sublime revolucionário.[4]

---

4 A especificidade da Revolução Cubana é mais bem expressa pela dualidade entre Fidel e Che Guevara: Fidel, o verdadeiro líder, autoridade suprema do Estado, *versus* Che, o eterno rebelde revolucionário que não se resignou a apenas governar um Estado. Não seria parecido com a União Soviética, onde Trotsky não fosse rejeitado como o arquitraidor? Imaginemos que, em meados da década de 1920, Trotsky tivesse emigrado e renunciado à

Paixões do Real, paixões do semblante • 23

E não seria o assim chamado terror fundamentalista também uma expressão da paixão pelo Real? No início dos anos 1970, depois do colapso do movimento de protesto dos estudantes da Nova Esquerda na Alemanha, um de seus rebentos foi o terrorismo da Facção do Exército Vermelho (o grupo Baader-Meinhoff e outros); a premissa subjacente era a de que o fracasso do movimento dos estudantes havia demonstrado que as massas estavam de tal forma imersas na sua posição apolítica consumista que já não era mais possível acordá-las com os meios comuns da elevação da consciência e da educação – era necessária uma intervenção mais violenta para sacudi-las do entorpecimento ideológico, do estado hipnótico consumista, e que isso somente seria possível por meio de uma violenta intervenção direta, com o lançamento de bombas contra os supermercados. E não se poderia explicar com o mesmo raciocínio, ainda que num nível diferente, o terror fundamentalista de hoje, cujo objetivo é nos acordar, aos cidadãos do Ocidente, do entorpecimento, da imersão em nosso universo ideológico do dia a dia?

Os dois últimos exemplos indicam o paradoxo fundamental da "paixão pelo Real": ela culmina no seu oposto aparente, num *espetáculo teatral* – desde o espetáculo dos julgamentos de Stalin até os atos espetaculares de terrorismo.[5] Se a paixão pelo Real

---

cidadania soviética para trabalhar pela revolução permanente no mundo, e pouco depois morresse – depois de sua morte, Stalin o teria elevado à condição de culto... É evidente que tal devoção à Causa ("Socialismo o muerte!"), uma vez que a Causa está corporificada no Líder, pode facilmente degenerar em o Líder decidir sacrificar, não a si próprio em prol do país, mas o país em prol de si mesmo, da sua Causa. (Da mesma forma, a prova da verdadeira fidelidade ao Líder não é o fato de se estar disposto a receber uma bala atirada *contra* ele; acima disso, é necessário estar pronto a receber uma bala atirada *por* ele – aceitar ser abandonado ou até sacrificado por ele em nome de objetivos mais altos.)

5 Num plano mais geral, devemos notar como o stalinismo – paralelamente à brutal "paixão pelo Real", à disposição de sacrificar milhões de vidas em

termina no puro semblante do espetacular *efeito do Real*, então, em exata inversão, a paixão pós-moderna pelo semblante termina numa volta violenta à paixão pelo Real. Vejamos o exemplo das pessoas, geralmente mulheres, que sentem uma necessidade irresistível de se cortar com lâminas ou de se ferir de outras formas; trata-se de um paralelo exato da virtualização de nosso ambiente: representa uma estratégia desesperada de volta ao Real do corpo. O ato de se cortar pode ser comparado, em si, às inscrições tatuadas no corpo, que simbolizam a inclusão daquela pessoa numa ordem simbólica (virtual) – o problema das pessoas que se cortam é exatamente o oposto, ou seja, a afirmação da própria realidade. Longe de ser uma atitude suicida, longe de indicar um desejo de autoaniquilação, o corte é uma tentativa radical de (re)dominar a realidade ou, o que é outro aspecto do mesmo fenômeno, basear firmemente o ego na realidade do corpo contra a angústia insuportável de sentir-se inexistente. Essas pessoas geralmente afirmam que, ao ver o sangue quente e vermelho correr do ferimento autoimposto, sentem-se novamente vivas, firmemente enraizadas na realidade.[6] Dessa forma, apesar de ser evidentemente um fenômeno patológico, o corte é, ainda assim, uma tentativa patológica de recuperar algum tipo de normalidade, de evitar o total colapso psicótico.

Hoje encontramos no mercado uma série de produtos desprovidos de suas propriedades malignas: café sem cafeína, creme de leite sem gordura, cerveja sem álcool... E a lista não tem fim:

---

nome de seus objetivos, de tratar as pessoas como coisa dispensável – foi ao mesmo tempo sensível à *manutenção das aparências*: sempre reagiu em pânico quando havia uma ameaça de perturbação das aparências (por exemplo, que algum acidente claramente revelador do fracasso do regime fosse informado pela mídia: na imprensa soviética não existiam tragédias, nem relatos de crime ou prostituição, muito menos de protestos de "trabalhadores" ou cidadãos).

6 Ver Marilee Strong, *The Bright Red Scram*, Londres, Virago, 2000.

o que dizer do sexo virtual, o sexo sem sexo; da doutrina de Colin Powell da guerra sem baixas (do nosso lado, é claro), uma guerra sem guerra; da redefinição contemporânea da política como a arte da administração competente, ou seja, a política sem política; ou mesmo do multiculturalismo tolerante de nossos dias, a experiência do Outro sem sua Alteridade (o Outro idealizado que tem danças fascinantes e uma abordagem holística ecologicamente sadia da realidade, enquanto práticas como o espancamento das mulheres ficam ocultas...)? A Realidade Virtual simplesmente generaliza esse processo de oferecer um produto esvaziado de sua substância: oferece a própria realidade esvaziada de sua substância, do núcleo duro e resistente do Real – assim como o café descafeinado tem o aroma e o gosto do café de verdade sem ser o café de verdade, a Realidade Virtual é sentida como a realidade sem o ser. Mas o que acontece no final desse processo de virtualização é que começamos a sentir a própria "realidade real" como uma entidade virtual. Para a grande maioria do público, as explosões do WTC aconteceram na tela dos televisores, e a imagem exaustivamente repetida das pessoas correndo aterrorizadas em direção às câmeras seguidas pela nuvem de poeira da torre derrubada foi enquadrada de forma a lembrar as tomadas espetaculares dos filmes de catástrofe, um efeito especial que superou todos os outros, pois – como bem sabia Jeremy Bentham – a realidade é a melhor aparência de si mesma.

E não é verdade que o ataque ao World Trade Center tinha, com relação aos filmes-catástrofe de Hollywood, a mesma relação existente entre a pornografia *snuff** e os filmes pornográficos

---

* *Snuff* significa morte, assassinato, e é o título de um filme produzido na década de 1970 cuja propaganda afirmava que os atores que representavam personagens assassinados foram realmente mortos durante a filmagem. Identifica um tipo de filmes de horror dedicados a sexo e violência, em que a violência não é simulada. (N. T.)

sadomasoquistas comuns? É este o elemento de verdade na declaração provocativa de Karl-Heinz Stockhausen de que o impacto dos aviões contra as torres do WTC são a obra de arte definitiva: pode-se entender o colapso das torres do WTC como a conclusão culminante da "paixão pelo Real" da arte do século XX – os próprios "terroristas" não o fizeram primariamente visando provocar dano material real, mas *pelo seu efeito espetacular*. Quando, dias depois de 11 de setembro de 2001, nosso olhar foi transfixado pelas imagens do avião atingindo uma das torres do WTC, fomos forçados a sentir o que são a "compulsão à repetição" e a *jouissance* além do princípio do prazer: tínhamos de ver tudo aquilo vezes sem conta; as mesmas imagens eram repetidas *ad nauseam*, e a estranha satisfação que elas nos davam era a *jouissance* em estado puro. Quando vimos, pela tela da televisão, as duas torres do WTC caindo, ficou patente a falsidade dos *reality shows*: ainda que se apresentem como reais para valer, as pessoas que neles aparecem estão representando – representam a si mesmas. O aviso padrão de todo romance ("Os personagens deste texto são ficcionais, e qualquer semelhança com personagens reais terá sido mera coincidência") também é válido para os participantes dos *reality shows*: o que vemos lá são personagens de ficção, ainda que na verdade representem a si mesmos.

A verdadeira paixão do século XX por penetrar a Coisa Real (em última instância, o Vazio destrutivo) através de uma teia de semblantes que constitui a nossa realidade culminou assim na emoção do Real como o "efeito" último, buscado nos efeitos especiais digitais, nos *reality shows* da TV e na pornografia amadora, até chegar aos *snuff movies*. Esses filmes, que oferecem a verdade nua e crua, são talvez a verdade última da Realidade Virtual. Existe uma ligação íntima entre a virtualização da realidade e a emergência de uma dor física infinita e ilimitada, muito mais forte que a dor comum: a biogenética e a Realidade

Virtual combinadas não abrem possibilidades novas e ampliadas de *tortura*, os horizontes novos e desconhecidos de extensão de nossa capacidade de suportar a dor (por meio da ampliação de nossa capacidade sensorial, por meio da invenção de novas formas de infligi-la)? Talvez a imagem sádica definitiva, a de uma vítima que não morra de tortura, que possa suportar uma dor infindável sem a opção da fuga para a morte, esteja também à espera para se tornar realidade.

A mais recente fantasia paranoica americana é a de um indivíduo que vive numa pequena cidade paradisíaca da Califórnia e que de repente começa a suspeitar que seja falso o mundo em que vive, um espetáculo montado para convencê-lo de que está vivendo num mundo real, ao passo que todas as pessoas à sua volta são na realidade atores e extras de um gigantesco espetáculo. O exemplo mais recente é o filme de Peter Weir, *O show de Truman*, de 1998, com Jim Carrey no papel de um funcionário numa pequena cidade que pouco a pouco descobre ser na verdade o herói de um programa de televisão permanente e de 24 horas por dia: a cidade em que vive é na verdade um enorme cenário em que as câmeras o seguem por toda parte. Entre seus predecessores está o livro *Time Out of Joint*, de Philip K. Dick (1959), em que o herói vive modestamente numa idílica cidadezinha da Califórnia no final dos anos 50 e descobre que toda a cidade é um truque criado para mantê--lo satisfeito... A experiência subjacente a *Time Out of Joint* e a *O show de Truman* é que o paraíso capitalista e consumista da Califórnia, em toda a sua hiper-realidade, é de certa forma *irreal*, sem substância, carente de inércia material. E a mesma *desrealização* do horror continuou depois do colapso do WTC: apesar de se repetir constantemente o número de vítimas – 3.000 –, o que impressiona é ser tão pequena a quantidade de carnificina exibida – não se veem corpos desmembrados, não há sangue, nem os rostos desesperados de pessoas agonizantes, num claro contraste com as catástrofes do Terceiro Mundo, em que se faz questão de mostrar a imagem de algum detalhe mórbido: somalis morrendo de inanição, mulheres bósnias violentadas, homens com a garganta cortada. Essas imagens são sempre precedidas por um aviso de que "as imagens mostradas a seguir são extremamente chocantes e podem afetar crianças" – uma advertência que não se viu nas reportagens sobre a destruição do WTC. Não seria isso prova adicional de como, mesmo nesse momento trágico, persiste a distância que nos separa deles, da realidade deles: o verdadeiro horror acontece *lá*, não *aqui*.[7]

Não se trata apenas de Hollywood representar um semblante da vida real esvaziado do peso e da inércia da materialidade – na sociedade consumista do capitalismo recente, a "vida social real" adquire de certa forma as características de uma farsa representada, em que nossos vizinhos se comportam "na vida real" como atores no palco... Mais uma vez, a verdade definitiva do universo desespiritualizado e utilitarista do capitalismo é a desmaterialização da "vida real" em si, que se converte num espetáculo espectral. Entre outros, Christopher Isherwood deu expressão a essa irrealidade da vida diária americana, exemplificada no quarto de motel: "Os motéis americanos são irreais! ... Foram projetados deliberadamente para serem irreais... Os europeus nos odeiam porque nos isolamos para viver no interior da nossa propa-

---

7   Outro exemplo de censura ideológica: quando as viúvas de bombeiros foram entrevistadas na CNN, a maioria ofereceu o desempenho esperado: lágrimas, orações... todas, com exceção de uma que, sem uma lágrima, disse não orar pelo marido morto por saber que orações não o trariam de volta. Quando lhe perguntaram se pensava em vingança, disse com toda calma que aquilo seria a verdadeira traição ao seu marido: se tivesse sobrevivido, teria insistido que a atitude mais condenável seria sucumbir à tentação de retaliar... Desnecessário dizer que ela só foi mostrada uma vez e depois desapareceu das repetições das mesmas entrevistas.

ganda, tal como um ermitão que se isola nas cavernas para meditar". A noção da "esfera" de Peter Sloterdijk se realiza literalmente neste caso como uma gigantesca esfera metálica que envolve e isola toda a cidade. Há alguns anos, uma série de filmes de ficção científica, entre eles *Zardoz* e *Logan's Run* [*Fuga do Século 23*], previa esse problema pós-moderno por meio da extensão dessa fantasia à própria comunidade: um grupo isolado, vivendo uma vida ascética numa área isolada, anseia pela experiência do mundo real da decadência material. Não seria a imagem infinitamente repetida do avião que se aproxima e atinge a segunda torre do WTC a versão na vida real da famosa cena de *Os pássaros*, de Hitchcock, soberbamente analisada por Raymond Bellour, em que Melanie chega a Bodega Bay depois de atravessar a baía num barquinho? Quando, ao se aproximar do píer, ela acena para seu (futuro) amante, um único pássaro (que inicialmente foi percebido como um borrão escuro indefinido) entra inesperadamente no quadro vindo do alto à direita, e a atinge na cabeça.[8] Não teria sido o avião que atingiu a torre do WTC o borrão hitchcockiano definitivo, a mancha anamórfica que desnaturalizou a idílica paisagem de Nova Iorque?

O grande sucesso dos irmãos Wachowski, *Matrix* (1999), levou essa lógica ao seu clímax: a realidade material que todos sentimos e vemos à nossa volta é virtual, gerada e coordenada por um gigantesco megacomputador a que estamos todos ligados; quando acorda na "realidade real", o herói, interpretado por Keanu Reeves, se vê numa paisagem desolada cheia de ruínas carbonizadas – o que sobrou de Chicago depois de uma guerra global. O líder da resistência, Morpheus, lança-lhe uma estranha saudação: "Bem-vindo ao deserto do real". Esse resumo não é semelhante ao que sucedeu em Nova Iorque no dia 11 de

---

8 Ver o capítulo 3 de *The Analysis of Film*, de Raymond Bellour, Bloomington, Indiana University Press, 2000.

setembro? Seus cidadãos foram então apresentados ao "deserto do real" – para nós, corrompidos por Hollywood, as imagens da queda das torres só poderiam ser uma reprodução das cenas mais emocionantes das grandes produções sobre catástrofes.

Quando ouvimos dizer que os ataques foram um choque absolutamente inesperado, que o Impossível inimaginável acabou acontecendo, deveríamos nos lembrar de outra catástrofe definitiva do início do século XX, o naufrágio do *Titanic*: também foi um choque, mas já se havia preparado para ele um espaço nas fantasias ideológicas, pois o *Titanic* era o símbolo do poder da civilização industrial do século XIX. Não se pode afirmar o mesmo com relação aos ataques? Não se tratou apenas do fato de a mídia nos bombardear constantemente com a ameaça terrorista; essa ameaça tinha uma representação libidinal – basta lembrar a série de filmes, desde *Fuga de Nova Iorque* até *Independence Day*. É essa a lógica que se oculta por trás da associação frequentemente mencionada entre os ataques e os filmes-catástrofe de Hollywood: o impensável que havia acontecido era o objeto da fantasia, e assim, de certa forma, os Estados Unidos haviam transformado em realidade as suas fantasias, e esta foi a grande surpresa. O traço definitivo entre Hollywood e a "guerra contra o terrorismo" ocorreu quando o Pentágono decidiu convocar a colaboração de Hollywood: a imprensa informou que, no início de outubro de 2001, havia se estabelecido um grupo de autores e diretores, especialistas em filmes-catástrofe, com o incentivo do Pentágono, a fim de imaginar possíveis cenários de ataques terroristas e a forma de lutar contra eles. E essa interação pareceu continuar em vigor: no início de novembro de 2001 houve uma série de reuniões entre conselheiros da Casa Branca e executivos de Hollywood com o objetivo de coordenar o esforço de guerra e de definir a forma como Hollywood poderia colaborar na "guerra contra o terrorismo", ao enviar a mensagem ideológica correta não apenas para os americanos, mas também para o público hollywoodiano em todo o mundo – a prova empírica definitiva de que Hollywood opera de fato como um "aparelho ideológico do Estado".

Teríamos, portanto, de inverter a leitura padrão, segundo a qual as explosões do WTC seriam uma intrusão do Real que estilhaçou a nossa esfera ilusória: pelo contrário – antes do colapso do WTC, vivíamos nossa realidade vendo os horrores do Terceiro Mundo como algo que na verdade não fazia parte de nossa realidade social, como algo que (para nós) só existia como um fantasma espectral na tela do televisor –, o que aconteceu foi que, no dia 11 de setembro, esse fantasma da TV entrou na nossa realidade. Não foi a realidade que invadiu a nossa imagem: foi a imagem que invadiu e destruiu a nossa realidade (ou seja, as coordenadas simbólicas que determinam o que sentimos como realidade). O fato de depois do 11 de Setembro se ter adiado ou cancelado o lançamento de grandes filmes contendo cenas semelhantes ao colapso do WTC (edifícios altos em chamas ou sendo atacados, atos de terrorismo, etc.) pode ser entendido como a "repressão" do cenário fantasmagórico responsável pelo colapso do WTC. Não se trata, evidentemente, de uma espécie de jogo pseudopós-moderno de redução do colapso do WTC à condição de mero espetáculo da mídia, de vê-lo como uma versão-catástrofe dos *snuff movies*; o que devíamos nos ter perguntado enquanto olhávamos para os televisores no dia 11 de setembro é simplesmente: *Onde já vimos esta mesma coisa repetida vezes sem conta?*

O fato de os ataques de 11 de setembro terem sido a matéria de fantasias populares muito antes de realmente acontecerem oferece mais um exemplo da lógica tortuosa dos sonhos: é fácil explicar o fato de os pobres de todo o mundo sonharem em se tornar americanos – mas com que sonham os americanos abastados, imobilizados no seu bem-estar? Sonham com uma catástrofe global que viria a destruir suas vidas. Por quê? É disso que trata a psicanálise: explicar por que, no meio da riqueza, somos assombrados por pesadelos catastróficos. Esse paradoxo também indica como se deve entender a noção de Lacan da "travessia da fantasia" como o momento conclusivo do tratamento psicanalítico. Essa noção pode parecer ajustar-se perfeitamente à ideia que geralmente se tem do que deveria fazer a psicanálise: é evidente que ela deveria nos libertar da influência das fantasias idiossincráticas e nos permitir enfrentar a realidade como ela realmente é! Mas isso é exatamente o que *não* faz parte das ideias de Lacan – ele deseja é quase exatamente o contrário. Na vida diária, estamos imersos na "realidade" (estruturada e suportada pela fantasia) e essa imersão é perturbada por sintomas que atestam o fato de que outro nível reprimido de nossa psique resiste a ela. "Atravessar a fantasia", então, significa *identificar-se totalmente com a fantasia* – a saber, com a fantasia que estrutura o excesso que resiste à nossa imersão na realidade diária; ou, citando uma formulação sucinta de Richard Boothby:

> Assim, "atravessar a fantasia" não significa que o sujeito de alguma forma abandona seu envolvimento com os caprichos ilusórios e se acomoda a uma "realidade" pragmática, mas exatamente o contrário: o sujeito se submete ao efeito da carência simbólica que revela o limite da realidade diária. Atravessar a fantasia no sentido lacaniano é ser mais profundamente exigido pela fantasia do que em qualquer outra época, no sentido de ter uma relação cada vez mais íntima com o núcleo real da fantasia que transcende a imaginação.[9]

Boothby está correto ao enfatizar a estrutura característica, reminiscente de Janus, da fantasia: uma fantasia é simultaneamente pacificadora, desarmadora (pois nos oferece um cenário

---

[9] Richard Boothby, *Freud as Philosopher*, Nova Iorque, Routledge, 2001, p. 275-6.

imaginário que nos dá condição de suportar o abismo do desejo do Outro) *e* destruidora, perturbadora, inassimilável na nossa realidade. A dimensão político-ideológica dessa noção de "travessia da fantasia" foi claramente revelada pelo papel único desempenhado pelo grupo de *rock Top lista nadrealista* (*A Lista dos Principais Surrealistas*) durante a guerra na Bósnia na cidade sitiada de Sarajevo: as representações irônicas – que no meio da guerra e da fome satirizavam as dificuldades da população de Sarajevo – adquiriram a condição de *cult* não somente na contracultura, mas também entre os cidadãos de Sarajevo em geral (o programa do grupo foi exibido semanalmente na televisão durante toda a guerra, e era extremamente popular). Em vez de lamentar o destino trágico dos bósnios, o grupo preferiu identificar-se totalmente com eles pela utilização de todos os lugares-comuns sobre a "estupidez dos bósnios" que circulavam na Iugoslávia. Assim se demonstrou que o caminho da verdadeira solidariedade passa pela confrontação direta com as obscenas fantasias racistas que circulavam no espaço simbólico da Bósnia pela identificação sarcástica com elas, e não pela negação dessas obscenidades porque elas não representam as pessoas tal como "realmente são".

Isso quer dizer que a dialética do semblante e do Real não pode ser reduzida ao fato elementar de que a virtualização de nossas vidas diárias, a experiência de vivermos cada vez mais num universo artificialmente construído, gera a necessidade urgente de "retornar ao Real" para reencontrar terreno firme em alguma "realidade real". O Real que retorna tem o *status* de outro semblante: *exatamente por ser real, ou seja, em razão de seu caráter traumático e excessivo, não somos capazes de integrá-lo na nossa realidade (no que sentimos como tal), e portanto somos forçados a senti-lo como um pesadelo fantástico.* A impressionante imagem da destruição do WTC foi exatamente isso: uma imagem, um semblante, um "efeito" que, ao mesmo tempo, ofereceu "a coisa em si". Esse "efeito do Real" não é a mesma coisa a que Roland Barthes, nos idos da década de 1960, deu o nome de *l'effet du réel*: pelo contrário, é exatamente o contrário: *l'effet de l'irréel*. Ou seja, ao contrário do *effet du réel* barthesiano, em que o texto nos leva a aceitar como "real" seu produto ficcional, neste caso o próprio Real, para se manter, tem de ser visto como um irreal espectro de pesadelo. Geralmente dizemos que não se deve tomar ficção por realidade – lembremo-nos das doxas pós-modernas segundo as quais a "realidade" é um produto do discurso, uma ficção simbólica que erroneamente percebemos como entidade autônoma real. Aqui a lição da psicanálise é o contrário: *não se deve tomar a realidade por ficção* – é preciso ter a capacidade de discernir, naquilo que percebemos como ficção, o núcleo duro do Real que só temos condições de suportar se o transformarmos em ficção. Resumindo, é necessário ter a capacidade de distinguir qual parte da realidade é "transfuncionalizada" pela fantasia, de forma que, apesar de ser parte da realidade, seja percebida num modo ficcional. Muito mais difícil do que denunciar ou desmascarar como ficção (o que parece ser) a realidade é reconhecer a parte da ficção na realidade "real". (Evidentemente, isso nos remete ao velho conceito lacaniano de que, apesar de os animais serem capazes de apresentar como verdadeiro o que é falso, somente os homens (entidades que habitam o espaço simbólico) são capazes de apresentar como falso o que é verdade.) E essa ideia também nos permite retornar ao exemplo das pessoas que se cortam: se o verdadeiro contrário do Real é a realidade, isso significaria que, ao se cortar, elas na realidade estão tentando fugir não somente da sensação de irrealidade, da virtualidade artificial do mundo em que vivemos, mas do próprio Real que explode sob a forma das alucinações descontroladas que começam a nos assombrar quando perdemos a âncora que nos prende à realidade?

O filme *A professora de piano* (França/Áustria, 2001), de Michael Haneke, ajuda a entender esse paradoxo. O filme se baseia num conto de Elfriede Jelinek, a história de um amor apaixonado mas pervertido entre um jovem pianista e sua professora mais velha (magistralmente representada por Isabelle Hupert): recria o antigo clichê da Viena do *fin-de-siècle*, a história de uma jovem pianista sexualmente reprimida de uma família de classe alta que se apaixona por seu professor de piano. Hoje, entretanto, cem anos depois, outras coisas além dos gêneros dos personagens se inverteram: nestes tempos permissivos, o caso exige um toque de perversão. As coisas se descontrolam e se aproximam do final inexoravelmente trágico (o suicídio da professora) no momento mesmo em que, respondendo aos apaixonados avanços sexuais do rapaz, ela se abre totalmente para ele, escrevendo-lhe uma carta com uma lista detalhada de suas exigências sexuais (basicamente, um roteiro de performances masoquistas: como ele deveria amarrá-la, forçá-la a lamber-lhe o ânus, espancá-la, e assim por diante). É crucial que as exigências sejam *escritas* – o que está colocado no papel é traumático demais para ser dito face a face: sua fantasia mais íntima.

No momento em que os dois se confrontam – ele com manifestações apaixonadas de afeto, e ela fria, desapaixonada e distante –, a situação não deve nos enganar: é ela quem se abre, ao desnudar para ele sua fantasia, enquanto ele estava simplesmente fazendo um jogo de sedução. Naturalmente ele se afasta em pânico da professora que se abria sem restrições para ele: a exposição direta de sua fantasia altera radicalmente seu *status* diante dos olhos dele, transformando um fascinante objeto de amor numa entidade repulsiva que ele não é capaz de suportar. Mas pouco depois ele próprio se sente perversamente atraído por essa fantasia, perde-se na *jouissance*, e de início tenta passar de volta para ela sua mensagem executando os elementos de sua fantasia (dá-lhe vários tapas até que o nariz comece a sangrar, chuta-a violentamente); quando ela não suporta mais, recuando da realização de sua fantasia, ele passa ao ato e a possui para selar a vitória sobre ela. O ato sexual consumado que se segue é, na dor quase insuportável, o melhor exemplo da afirmação de Lacan de que *il n'y a pas de rapport sexuel*: apesar de ser executado na realidade, o ato – pelo menos para ela – é desprovido do apoio da fantasia e se transforma numa experiência repulsiva que a deixa completamente fria, e acaba por levá-la ao suicídio. Seria totalmente equivocada a interpretação da exposição de sua fantasia como um mecanismo de defesa contra o ato sexual propriamente dito, como expressão da incapacidade de ela se soltar e desfrutar do ato: pelo contrário, a fantasia declarada forma o núcleo de seu ser, o que "existe nela mais que ela própria", e na verdade é o ato sexual o mecanismo de defesa contra a ameaça corporificada na fantasia.

Em seu seminário (inédito) sobre a angústia (1962-63), Lacan especifica que o verdadeiro objetivo do masoquista não é gerar *jouissance* no Outro, e sim criar-lhe angústia. Ou seja, apesar de o masoquista se submeter à tortura do Outro, apesar de desejar servir ao Outro, é ele próprio quem define as regras de sua servidão; portanto, apesar de parecer oferecer-se como instrumento da *jouissance* do Outro, ele expõe efetivamente seu próprio desejo ao Outro e assim cria no Outro a angústia – para Lacan o verdadeiro objeto da angústia é a (excessiva) proximidade do desejo do Outro. É essa a economia libidinal do momento em que a heroína apresenta a seu sedutor um cenário masoquista detalhado de como ele a devia maltratar: o que o repugna é essa exposição completa do desejo dela. (E a mesma coisa não está presente na cena de *Clube da Luta* em que Ed Norton se esmurra diante do patrão? Em vez de apreciar a cena, o patrão fica ansioso com o espetáculo.)

Por isso, a verdadeira escolha com relação ao trauma histórico não está entre lembrar-se ou esquecer-se dele: os traumas que não estamos dispostos a ou não somos capazes de relembrar assombram-nos com mais força. É necessário então aceitar o paradoxo de que, para realmente esquecer um acontecimento, precisamos primeiramente criar a força para lembrá-lo. Para responder a este paradoxo, devemos ter em mente que o contrário de *existência* não é inexistência, mas *insistência*: o que não existe continua a insistir, lutando para passar a existir (o primeiro a articular essa oposição foi naturalmente Schelling que, nas suas *Pesquisas filosóficas sobre a essência da liberdade humana*, introduziu a distinção entre Existência e Terreno de Existência). Quando perco uma oportunidade ética crucial e deixo de realizar a ação que "mudaria tudo", a própria inexistência do que *eu deveria ter feito* há de me perseguir para sempre: apesar de não existir o que eu não fiz, seu espectro continua a insistir. Numa leitura notável das "Teses sobre Filosofia da História", de Walter Benjamim, Eric Santner[10] desenvolve a noção benjaminiana de que uma intervenção revolucionária presente repete e redime as tentativas fracassadas do passado: os "sintomas" – traços passados que são retroativamente redimidos pelo "milagre" da intervenção revolucionária – "não são atos esquecidos, mas, pelo contrário, as *omissões* de ação que ficaram esquecidas, a incapacidade de *suspender* a força da ligação social que inibe os atos de solidariedade com os 'outros' da sociedade":

> Os sintomas registram não somente as tentativas fracassadas do passado, mas, mais modestamente, as ocasiões no passado *em que se deixou de reagir* ao chamado à ação ou à empatia pelos outros cujo sofrimento de alguma forma pertence à forma de vida de

---

10 Eric Santner, "Miracles do Happen: Benjamin, Rosenzweig, and the Limits of the Enlightenment" (artigo não publicado, 2001).

que se é parte. Ocupam o lugar de alguma coisa que está *lá*, que *insiste* na nossa vida, apesar de nunca ter chegado à completa consistência ontológica. Assim, os sintomas são, em certo sentido, os arquivos virtuais dos *vazios* – ou, talvez melhor, defesas contra os vazios – que persistem na experiência histórica.

Santner especifica a maneira como esses sintomas tomam a forma de disrupções da vida social "normal", como participações nos rituais obscenos da ideologia dominante. Não teria sido a infame *Kristallnacht* de 1938 – a explosão de violência meio espontânea, meio organizada contra os lares, sinagogas, negócios e pessoas de judeus – um perfeito "carnaval" bakhtiniano? A *Kristallnacht* deve ser entendida como um "sintoma": a fúria de tal explosão de violência a faz um sintoma – o mecanismo de defesa que cobre o vazio da incapacidade de intervir eficazmente na crise social. Noutras palavras, a própria fúria dos *pogroms* antissemitas é uma prova *a contrario* da possibilidade da autêntica revolução proletária: sua energia excessiva só pode ser entendida como uma reação ao reconhecimento ("inconsciente") da oportunidade revolucionária perdida. E não seria a causa última da *Ostalgia* (nostalgia pelo passado comunista) entre muitos intelectuais (e até mesmo entre pessoas comuns) da falecida República Democrática da Alemanha também o desejo, não tanto do passado comunista, do que realmente aconteceu sob o comunismo, mas do que *poderia ter acontecido*, da oportunidade perdida de uma outra Alemanha? Consequentemente, não seriam também as explosões pós-comunistas de violência neonazista uma prova negativa da presença dessas oportunidades de emancipação, uma explosão sintomática de fúria que substitui a consciência de oportunidades perdidas? Não devemos ter medo de traçar um paralelo com a vida psíquica individual; assim como a consciência da perda de uma oportunidade "privada" (por exemplo, a oportunidade de se envolver numa relação amorosa enriquecedora) geralmente deixa traços sob a forma de angústias, dores de cabeça e acessos de raiva "irracionais", o vazio da oportunidade revolucionária perdida pode acabar explodindo em acessos "irracionais" de fúria destrutiva...

Deve-se então rejeitar a "paixão pelo Real" em si? Definitivamente não, pois, uma vez adotada essa postura, a única atitude que resta é a da recusa de chegar até o fim, de "manter as aparências". O problema com a "paixão pelo Real" do século XX não é o fato de ela ser uma paixão pelo Real, mas sim o fato de ser uma paixão falsa em que a implacável busca do Real que há por trás das aparências é o *estratagema definitivo para evitar o confronto com ele* – como? Comecemos pela tensão entre o universal e o particular no uso do termo "especial": quando dizemos que "existem fundos especiais!", queremos dizer fundos ilegais, ou no mínimo secretos, não somente uma parte especial dos fundos públicos; quando um parceiro sexual diz "Você quer algo especial?", está se referindo a uma prática "pervertida", fora do normal; quando um policial ou jornalista se refere a uma "técnica especial de interrogatório", está se referindo à tortura ou a outra pressão igualmente ilegal. (E não se pode esquecer que as unidades responsáveis por matar e cremar nos campos de concentração nazistas eram chamadas de *Sonderkommando*, unidades especiais.) Em Cuba, o difícil período que se seguiu à desintegração dos regimes comunistas da Europa Oriental foi também chamado de "período especial".

Seguindo a mesma tendência, devemos prestar homenagem ao gênio de Walter Benjamin que brilha no título de uma de suas primeiras obras: "Sobre a linguagem em geral e sobre a linguagem humana em particular". A questão neste caso não é ser a linguagem humana uma espécie da linguagem universal "em si" que também abranje outras espécies (a linguagem dos deuses e dos anjos? A linguagem dos animais? A linguagem de seres inteligentes de outros planetas? A linguagem dos computadores?

A linguagem do DNA?): não existe outra linguagem que não a humana – mas, para entender essa linguagem "particular", somos obrigados a introduzir uma diferença mínima, imaginando-a em termos da distância que a separa da linguagem "em si" (a pura estrutura da linguagem, desprovida da insígnia da finitude humana, das paixões eróticas e da mortalidade, das lutas que visam à dominação e à obscenidade do poder). Essa lição de Benjamin é a lição que não existe em Habermas, que faz exatamente o que *não* se deve fazer: postula *diretamente* a "linguagem em geral" (universais pragmáticos) ideal como a norma da linguagem realmente existente. Assim, conforme a linha do título da obra de Benjamin, deveríamos descrever a constelação básica do direito social como a do "Direito em geral e seu obsceno supereu em particular".

Como isso se aplica à análise social? Tomemos a análise de Freud do caso do Homem-rato.[11] A mãe do Homem-rato tinha uma posição social superior à de seu pai, que tinha um gosto pela linguagem grosseira e um legado de dívidas não pagas. Ademais, o Homem-rato ficou sabendo que, pouco antes de conhecer sua mãe, seu pai cortejou uma jovem atraente e pobre, a quem abandonou para se casar com uma mulher abastada. O plano de sua mãe de casá-lo com uma mulher de família rica colocou-o em situação idêntica à de seu pai: a escolha entre a mulher pobre a quem amava e um arranjo materialmente mais promissor combinado em seu nome pela mãe. É dentro dessas coordenadas que iremos encontrar a fantasia da tortura do Homem-rato (a vítima é presa a um vaso cheio de ratos famintos; o vaso é colocado com a boca para baixo sobre as nádegas da vítima, de forma que os ratos lhe roem o ânus): essa história foi contada ao Homem-rato

---

[11] Ver Sigmund Freud, *Notas sobre um caso de neurose obsessiva*, Rio de Janeiro, Imago, 1977.

durante o treinamento militar. Ele queria mostrar aos oficiais que pessoas iguais a ele (de família abastada) eram tão capazes de suportar os rigores da vida militar quanto qualquer outro soldado de berço mais humilde – dessa forma, o Homem-rato tentava unir os dois polos, rico e pobre, classe social alta e baixa, que dividiam a história de sua família. O cruel capitão de sua unidade defendia com entusiasmo a prática do castigo corporal e, quando o Homem-rato discordou vigorosamente, descreveu, como quem tira um ás da manga, a tortura dos ratos. Não se trata apenas de a multiplicidade de ligações que apoiam o poder fascinante da tortura dos ratos se basear numa textura de associações significativas na língua alemã (*Rat* – conselho; *Ratte* – rato; *Rate* – as taxas de juro a serem pagas; *heiraten* – casar; *Spielratte* – gíria que significa jogador compulsivo...). O que parece crucial é o fato – raramente, ou nunca, mencionado por vários intérpretes – de que a escolha enfrentada por pai e filho se refere a *antagonismos de classe*: os dois tentaram superar o divisor de classes conciliando os dois lados opostos; tiveram a mesma sorte de um rapaz de origem humilde que entra pelo casamento numa família rica, embora mantenha a atitude arraigada da classe baixa. A figura do cruel capitão intervém precisamente nessa situação: a ideia da conciliação de classes é negada pela obscenidade grosseira que usa ao invocar os cruéis castigos corporais que mantêm a autoridade social. Não seria possível ler essa figura do cruel capitão como uma figura fascista do obsceno exercício do poder brutal? Como o cínico e brutal capanga fascista que desdenha o liberal de coração mole, ciente de que executa para este o trabalho sujo?

Apocalypse Now Redux (2000), a versão mais longa e recém-editada do filme *Apocalypse Now*, de Francis Ford Coppola, apresenta claramente as coordenadas do excesso estrutural do poder do Estado. Não é significativo que Kurtz, o "pai primordial" freudiano – o obsceno prazer do pai que não se subordina a nenhuma Lei simbólica, o Mestre total que ousa enfrentar cara a cara o Real do prazer aterrador –, seja apresentado, não como membro de um passado bárbaro, mas como o resultado necessário do moderno poder ocidental? Kurtz era o soldado perfeito pela identificação total com o sistema militar de poder, e como tal ele se transformou no excesso que o sistema deve eliminar. O horizonte último de *Apocalypse Now* é essa ideia de como o Poder gera seus próprios excessos, que depois tem de eliminar numa operação que forçosamente imita o que ele tem de combater (a missão de Willard de matar Kurtz não existe oficialmente – "nunca aconteceu", como explica o general que o instrui). Dessa forma, entramos no domínio das operações secretas, do que o Poder faz sem admiti-lo. E o mesmo não é válido com relação às figuras hoje apresentadas pela mídia como a corporificação do Mal radical? Não é esta a verdade que se oculta por trás do fato de Osama Bin Laden e o Talibã terem surgido como parte do movimento de guerrilha antissoviética patrocinado pela CIA no Afeganistão, e por trás do fato de Noriega ser um ex-agente da CIA no Panamá? Não é verdade que, nos três casos, os Estados Unidos estão combatendo seus próprios excessos? E não é verdade que o mesmo já aconteceu em relação ao fascismo? O Ocidente liberal teve de unir forças com o comunismo para se livrar de seu próprio crescimento excessivo. (Sou tentado a imaginar uma versão verdadeiramente subversiva de *Apocalypse Now*: repetir a fórmula da coalizão antifascista, e fazer que Willard proponha ao vietcongue um pacto para destruir Kurtz.) O que resta fora do horizonte de *Apocalypse Now* é a perspectiva de um ato político coletivo de *rompimento* desse círculo vicioso do Sistema que gera os excessos do supereu e então é forçado a aniquilá-los: uma violência revolucionária que não seja baseada na obscenidade do supereu. Este ato "impossível" é o que acontece em todo processo revolucionário autêntico.

No lado oposto do campo político, a cena eisensteiniana arquetípica que expressa a orgia exuberante da violência destrutiva revolucionária (a que o próprio Eisenstein dava o nome de "uma verdadeira bacanal de destruição") pertence à mesma série: quando, em *Outubro*, entram nas adegas do Palácio de Inverno, os revolucionários vitoriosos se permitem uma extática orgia de destruição de milhares de caríssimas garrafas de vinho; em *Bezhin Lug*, os pioneiros da aldeia forçam a entrada na igreja local e a profanam, roubando suas relíquias, brigando por causa dos ícones, experimentando sacrilegamente as vestimentas, zombando hereticamente da estatuaria... Nessa suspensão da atividade instrumental orientada para um objetivo, vemos uma espécie de "gasto irrestrito" batailleano – o desejo pio de eliminar da revolução os seus excessos é simplesmente o desejo de ter uma revolução sem revolução.

A essa cena deve-se contrapor o que faz Eisenstein na terrível cena final da Parte II de *Ivan, o Terrível*: a orgia carnavalesca que acontece representa o lugar fantasioso em que se invertem as relações "normais" de poder; em que o czar é escravo do idiota a quem ele proclama o novo czar. Numa mistura estranha de musical hollywoodiano e teatro japonês, o coro do infame Oprichniki (o exército particular de Ivan, que executa para ele o trabalho sujo, liquidando sem piedade seus inimigos) dança e canta uma canção absolutamente perversa que comemora o machado que corta as cabeças dos inimigos de Ivan. A canção descreve primeiro um grupo de boiardos num banquete: "Pelo meio ... passam os cálices de ouro ... de mão em mão". O coro então pergunta, com uma expectativa prazerosa e nervosa. "Vamos! Vamos! O que acontece em seguida? Vamos, conte mais!" E o solo Oprichnik, curvando-se para frente e assoviando, grita a resposta: "Caiam os machados!". Estamos aqui no local obsceno em que o prazer musical se encontra com a liquidação política – e, levando em conta o fato de o filme ter sido realizado em 1944, essa cena não vem confirmar o caráter carnavalesco dos expurgos stalinistas? É essa a verdadeira grandeza de Eisenstein: ele perceber (e representar) a mudança fundamental no *status* da violência política, das explosões "leninistas" que libertam a energia destruidora para o obsceno reverso "stalinista" do Direito.

A própria Igreja Católica se apoia em (pelo menos) dois níveis de tais regras obscenas não escritas. Primeiro há a Opus Dei, de triste fama, a "máfia branca" da Igreja, a organização (semi) secreta que de alguma forma corporifica a Lei pura além de toda legalidade positiva: sua suprema regra é a obediência incondicional ao papa e uma determinação inflexível de trabalhar pela Igreja, com a suspensão (potencial) de todas as outras regras. Seus membros, cuja tarefa principal é penetrar nos mais altos círculos políticos e financeiros, geralmente escondem a sua identidade de membros da Opus Dei. Dessa forma, eles se tornam efetivamente "opus dei", o "trabalho de Deus"; ou seja, adotam a posição perversa de instrumento direto da vontade do grande Outro. Então acontecem os muitos casos de abuso sexual de meninos por padres – esses casos são tão generalizados, desde a Áustria e a Itália até a Irlanda e os Estados Unidos, que se pode falar de fato numa "contracultura" articulada no interior da Igreja, com seu conjunto de regras secretas. E há uma ligação entre os dois níveis, pois a Opus Dei intervém regularmente para abafar escândalos sexuais envolvendo sacerdotes. Incidentalmente, a reação da Igreja aos escândalos sexuais também demonstra como ela realmente percebe seu papel: a Igreja insiste em que esses casos, por mais deploráveis que sejam, são um problema interno, e mostra extrema relutância em colaborar com a polícia nas suas investigações. E, de certa forma, ela tem razão: o abuso de menores *é* um problema interno da Igreja; ou seja, um produto inerente à sua organização institucional simbólica, não somente uma série de casos criminais particulares de indivíduos que por acaso são padres. Consequentemente, a resposta a essa relutância deveria ser não somente o fato de estarmos tratando de casos criminais, nos quais, se não participar integralmente de sua investigação, a Igreja passará a ser um acessório depois do fato; ademais, a Igreja *em si*, como instituição, deve ser investigada com relação à forma como sistematicamente cria condições para tais crimes. Esta é a razão pela qual não se pode explicar os escândalos sexuais em que padres estão envolvidos como manipulação feita pelos que se opõem ao celibato dos padres, que defendem a opinião de que, se as necessidades sexuais destes não encontram satisfação legítima, elas só poderão explodir de uma forma patológica: permitir o casamento aos padres católicos não resolve problema algum; não eliminaríamos o assédio de meninos por padres, pois a pedofilia é gerada pela instituição católica do sacerdócio como uma "transgressão inerente", como seu suplemento obsceno secreto.

O núcleo da "paixão pelo Real" é essa identificação com – esse gesto heroico de assumir integralmente – a obscenidade suja do outro lado do Poder: a atitude heroica de que "alguém tem de fazer o trabalho sujo, então, mãos à obra!", uma espécie de reverso espelhado da Bela Alma que não aceita se reconhecer no seu resultado. Vemos essa atitude na admiração direitista pela comemoração dos heróis prontos a fazer o trabalho sujo necessário: é fácil fazer uma coisa nobre pela pátria, até sacrificar a própria vida por ela – é muito mais difícil cometer um crime pela pátria... Hitler sabia muito bem como fazer esse jogo duplo com relação ao Holocausto, usando Himmler para expor o "segredo sujo". Em seu discurso para os líderes da SS em Posen, no dia 14 de outubro de 1943, Himmler descreveu abertamente o assassinato em massa de judeus como "uma página gloriosa da nossa história, uma página que nunca foi, nem jamais poderá ser escrita"; chegou até mesmo a incluir explicitamente o assassinato de mulheres e crianças:

46 • Bem-vindo ao deserto do Real!

Tivemos de encarar a questão: o que deveríamos fazer com as mulheres e as crianças? Decidi encontrar também aqui uma solução absolutamente clara. Não considerei justificável o assassinato dos homens – ou seja, matá-los ou mandar matá-los – e permitir a existência de vingadores na forma de crianças que ataquem nossos filhos e netos. A decisão difícil tinha de ser tomada, a de fazer desaparecer esse povo da face da Terra.[12]

No dia seguinte, os líderes da SS tiveram ordens de comparecer a uma reunião em que Hitler faria um relato da situação da guerra; Hitler não fez menção direta à solução final – apenas referências oblíquas ao conhecimento dos líderes da SS e de sua cumplicidade: "Todo o povo alemão sabe que se trata de uma questão de existir ou não existir. Todas as pontes atrás dele foram derrubadas. Ao povo alemão só resta avançar".[13] E é segundo essas linhas que devemos opor a paixão reacionária à progressista pelo Real: enquanto a "reacionária" é o endosso do reverso obsceno da Lei, a "progressista" é a confrontação com o Real do antagonismo negado pela "paixão pela purificação", que – em suas duas versões, a da esquerda e a da direita – parte do princípio de que o Real é tocado na, e através da, destruição do elemento excessivo que introduz o antagonismo. Devemos aqui abandonar a metáfora padrão do Real como a Coisa aterradora que não se é capaz de enfrentar cara a cara, como o Real definitivo oculto sob camadas de véus imaginários e/ou simbólicos: a própria ideia de que sob a aparência enganadora oculta-se uma Coisa Real definitiva, horrível demais para que a possamos encarar diretamente, é a aparência definitiva – a Coisa Real é um espectro fantasmático cuja presença garante a consistência de nosso edifício simbólico, permitindo-nos

---

[12] Citado de Ian Kershaw, *Hitler, 1935-45: Nemesis*, Harmondsworth, Penguin, 2001, p. 604-5.

[13] Kershaw, *Hitler*, p. 606.

evitar sua inconsistência constitutiva ("antagonismo"). Tomemos a ideologia nazista: o judeu como seu Real é um espectro evocado para esconder o antagonismo social – ou seja, a figura do judeu nos permite perceber a totalidade social como um Todo orgânico. E isso não é o mesmo que se passa com relação à figura da Coisa-Mulher inacessível à compreensão masculina? Não é ela também o Espectro último que permite aos homens fugir ao impasse constitutivo da relação sexual?

É neste ponto que se deve introduzir a noção de *Homo sacer*, criada recentemente por Giorgio Agamben:[14] a distinção entre os que se incluem na ordem legal e o *Homo sacer* não é apenas horizontal, uma distinção entre dois grupos de pessoas, mas, cada vez mais, também a distinção vertical entre as duas formas (superpostas) como se pode tratar as *mesmas* pessoas – resumidamente: perante a Lei, somos tratados como cidadãos, sujeitos legais, enquanto, no plano do obsceno supereu complementar dessa lei incondicional vazia, somos tratados como *Homo sacer*. Talvez, então, o melhor lema para a análise contemporânea da ideologia seja a linha citada por Freud no início de *A interpretação dos sonhos*: *Acheronta movebo* – se não se pode mudar o conjunto explícito de regras ideológicas, pode-se tentar mudar o conjunto subjacente de regras obscenas não escritas.

---

14 Ver Giorgio Agamben, *Homo sacer*, Stanford (CA), Stanford University Press, 1998. [Ed. brasileira: *Homo sacer: o poder soberano e a vida nua*, v. 1, trad. Henrique Búrigo, Belo Horizonte, Ed. UFMG, 2002.]

2
REAPROPRIAÇÕES:
A LIÇÃO DO MULÁ OMAR

Nossa reação preliminar é a de que o impacto destruidor dos ataques de 11 de setembro só pode ser explicado contra o pano de fundo da fronteira que hoje separa o Primeiro Mundo digitalizado do "deserto do Real" que é o Terceiro. É a consciência de que vivemos num universo artificial isolado que gera a noção de que algum agente ominoso nos ameaça permanentemente com a destruição total. Nessa perspectiva paranoica, os terroristas foram transformados num agente abstrato irracional – abstrato no sentido hegeliano de estar isolado da rede socioideológica concreta que lhes deu existência. Toda explicação que evoque as circunstâncias sociais é desprezada como uma justificação disfarçada do terror, e toda entidade particular é lembrada apenas de forma negativa: os terroristas traíram o verdadeiro espírito do Islã, não expressam os interesses e esperanças das miseráveis massas árabes... Nos dias que se seguiram ao 11 de Setembro, a mídia relatou que não apenas as traduções inglesas do Corão, mas também os livros sobre o Islã e a cultura árabe em geral se tornaram *bestsellers* instantâneos: as pessoas queriam entender o que é o Islã, e pode-se afirmar com segurança que a vasta maioria dos que queriam entender o Islã não eram racistas antiárabes, mas sim pessoas ansiosas para dar ao Islã uma oportunidade, desenvolver um sentimento por ele, senti-lo por dentro e redimi-lo – tinham o desejo de se convencer de que o Islã é uma grande força espiritual que não pode ser culpada pelos crimes de terroristas. Por mais simpática que seja essa atitude (e o que poderia ser eticamente mais admirável que, no meio de uma confrontação violenta, tentar se colocar na mente do outro, e dessa forma relativizar o próprio ponto de vista?), ela não deixa de ser um gesto de mistificação ideológica *par excellence*: tentar entender as diferentes tradições culturais é precisamente o que *não* se deve fazer para entender a dinâmica política que levou aos ataques de 11 de setembro. Não é evidente que o fato de os líderes ocidentais, de Bush a Netanyahu e Sharon, repetirem como um mantra que o Islã é uma grande religião, que não tem nada a ver com os crimes horríveis cometidos em seu nome, é um sinal claro de que alguma coisa nessa afirmação está errada? Quando, em outubro de 2001, o primeiro-ministro italiano, Silvio Berlusconi, cometeu o famoso lapso e, para consternação dos liberais do Ocidente, afirmou que os direitos humanos e a liberdade surgiram da tradição cristã, que é claramente superior à do Islã, sua atitude foi de certa forma mais sincera que o odiosamente condescendente respeito liberal dos outros líderes pela profundidade espiritual do Outro.

Comentários recentes sobre o "Fim da Idade da Ironia" encheram a mídia, insistindo na noção de que chegou ao fim a era do deslize desconstrutivista pós-moderno do sentido: agora, precisamos mais uma vez do compromisso firme e sem ambiguidade. Infelizmente, o próprio Jürgen Habermas (no discurso de aceitação do Prêmio dos Editores Alemães de 2001) se uniu a esse coro, enfatizando que o tempo do relativismo pós-moderno já havia passado. (Os acontecimentos de 11 de setembro indicam a absoluta impotência da ética habermasiana – quem ousaria afirmar que existe uma distorção de comunicação entre os maometanos e os liberais ocidentais?) Dentro da mesma tendência, comentaristas de direita, como George

Will, também se apressaram a proclamar o fim das "férias americanas da história" – o impacto da realidade demolindo a torre isolada da atitude liberal de tolerância e o foco dos Estudos Culturais na textualidade. E agora somos forçados a contra-atacar, a enfrentar os inimigos reais no mundo real... Mas a *quem* devemos atacar? Qualquer que seja ela, a resposta nunca será correta, nunca será completamente satisfatória. O ridículo do ataque americano contra o Afeganistão é um exemplo: se a maior potência do mundo bombardeia um dos países mais pobres, onde os camponeses mal conseguem sobreviver em montanhas estéreis, não estamos diante de um exemplo definitivo de *acting out* impotente? O Afeganistão, por outro lado, é o alvo ideal: um país já reduzido a ruínas, sem infraestrutura, repetidamente destruído pela guerra ao longo das duas últimas décadas... Não podemos deixar de pensar que a escolha do Afeganistão também foi determinada por considerações econômicas: não é melhor manifestar a própria raiva contra um país para o qual ninguém dá importância e onde não há mais nada a destruir? Infelizmente, a escolha do Afeganistão traz à memória a história do louco que procura uma chave perto do poste de luz; quando lhe perguntam por que procurar ali, se ele tinha perdido a chave num canto escuro, ele responde: "Mas é mais fácil procurar onde está claro!". Não é a ironia definitiva o fato de, já antes do bombardeio americano, Kabul já estar igual ao sul de Manhattan depois do 11 de Setembro? A "guerra contra o terrorismo" funciona então como um ato cujo verdadeiro objetivo é nos acalmar, na falsamente segura convicção de que nada mudou realmente.

Já é um lugar-comum do jornalismo dizer-se que está surgindo uma nova forma de guerra: a guerra de alta tecnologia em que o bombardeio de precisão e outros quejandos vence a guerra sem nenhuma intervenção direta das forças de terra (se for necessária, esta tarefa pode ser deixada para os "aliados locais"). As antigas ideias de combate frente-a-frente, coragem e outras semelhantes, vão se tornando obsoletas. Devemos notar a homologia estrutural entre essa nova guerra a distância, em que o "soldado" (um especialista em computadores) aperta alguns botões a centenas de quilômetros de distância, e as decisões administrativas que afetam milhões (especialistas do FMI que ditam condições para que um país do Terceiro Mundo possa pleitear um financiamento; os regulamentos da OMC; as diretorias de grandes corporações que decidem sobre a necessidade de "reestruturação"): nos dois casos, a abstração está inscrita numa situação muito "real" – decisões que afetam milhares, e que às vezes provocam terrível confusão e destruição –, mas a ligação entre essas decisões "estruturais" e a dolorosa realidade de milhões foi quebrada; os "especialistas" que tomam essas decisões não são capazes de imaginar as consequências, pois medem os efeitos de suas decisões em termos abstratos (um país pode ser "financeiramente sadio", apesar da fome de milhões).

E o "terrorismo" de hoje não passa do contraponto a essa guerra. A verdadeira ameaça de longo prazo são outros atos de terrorismo de massa, comparados aos quais a lembrança do WTC será pálida – atos menos espetaculares, mas muito mais horripilantes. O que dizer da guerra bacteriológica, do uso de gases letais, o que dizer da perspectiva de um terrorismo de DNA (o desenvolvimento de venenos que afetem apenas as pessoas que possuem um dado genoma)? Ao contrário de Marx, que acreditava na noção de fetiche como um objeto real cuja presença estável ofusca sua mediação social, seremos forçados a afirmar que o fetichismo atinge seu apogeu precisamente quando o fetiche em si é "desmaterializado", transformado numa fluida entidade virtual "imaterial"; o fetichismo do dinheiro há de culminar com sua passagem à forma eletrônica, quando desaparecerem os últimos vestígios de sua materialidade – somente nesse estágio ele será capaz de assumir a forma de uma presença espectral indestrutível. E o mesmo não é válido com relação à guerra? Longe de apontar para a guerra do século XXI, a explosão e colapso das torres gêmeas do WTC em setembro de 2001 foram, pelo contrário, o último grito espetacular da guerra do século XX. O que nos espera é algo muito mais estranho: o espectro de uma guerra "imaterial", em que o ataque é invisível – vírus, venenos que podem estar em qualquer lugar ou em lugar nenhum. No plano da realidade material visível, nada acontece, nenhuma grande explosão; ainda assim o universo conhecido começa a desmoronar, a vida a se desintegrar.

Estamos entrando numa nova era de guerra paranoica em que a principal tarefa será identificar o inimigo e suas armas. Nessa nova guerra, os agentes vão cada vez menos assumir publicamente os seus atos: não somente os próprios "terroristas" terão menos interesse em assumir a responsabilidade por seus atos (nem mesmo a notória Al-Qaeda assumiu explicitamente os ataques de 11 de setembro, para não mencionar o mistério com relação às cartas com antraz); as medidas "antiterroristas" do Estado também são ocultas por um manto de segredo – e tudo isso forma o caldo de cultura ideal para teorias conspiratórias e paranoia social generalizada.

E não é a obversão dessa onipresença paranoica da guerra invisível exatamente a sua dessubstancialização? Assim como bebemos cerveja sem álcool ou café sem cafeína, temos agora a guerra esvaziada de sua substância – uma guerra virtual lutada diante de telas de computadores, uma guerra que para seus participantes não passa de um videogame, uma guerra sem baixas (pelo menos no nosso lado). Com o pânico gerado pelo antraz em outubro de 2001, o Ocidente teve o primeiro gosto dessa nova guerra "invisível" em que – um aspecto que se deve ter sempre em mente – nós, cidadãos comuns, ficamos totalmente dependentes das autoridades para saber o que está ocorrendo: nada vemos nem ouvimos; tudo o que sabemos nos chega da mídia oficial. Uma superpotência bombardeia um deserto desolado e, ao mesmo tempo, é refém de uma bactéria invisível – é essa, não a explosão do WTC, a primeira imagem da guerra do século XXI. Em vez de um rápido *acting out*, deveremos enfrentar algumas perguntas difíceis: qual será o significado de "guerra" no século XXI? Quem serão "eles", se eles não são claramente nem Estados nem gangues criminosas? Aqui, não resisto à tentação de relembrar a oposição freudiana entre o direito público e seu supereu obsceno: da mesma forma, não seriam as "organizações terroristas internacionais" o lado obsceno de uma grande empresa multinacional – a máquina rizomática definitiva, onipresente, mas sem base territorial definida? Não são elas a forma em que os "fundamentalismos" nacionalistas e/ou religiosos se acomodaram ao capitalismo global? Não corporificam a contradição última, com seu conteúdo particular ou exclusivo e funcionamento dinâmico global?

Um caso emblemático é o filme sérvio (pós-iugoslavo) *Bela aldeia, belas chamas* (Srdjan Dragojevič, 1996), que de alguma forma prenuncia a mudança na figura do Inimigo.[1] A história ocorre durante o primeiro inverno da guerra da Bósnia, quando um grupo de soldados do exército sérvio é emboscado por soldados bósnios num túnel ferroviário abandonado; entre um e outro combate, os soldados dentro e fora do túnel se provocam pela troca de insultos nacionalistas. A principal característica da narrativa, entretanto, é que esse impasse entre os dois lados envolvidos no conflito, que dura mais de dez dias, é apresentado inteiramente na perspectiva dos que estão dentro do túnel, os soldados sérvios; até o *dénouement* final, o "lado maometano" é apresentado apenas como um conjunto do que Michel Chion

---

[1] Baseio-me aqui na notável tese de doutorado de Pavle Levi, "Desintegration in Frames" (New York University, 2002).

chamou de "vozes acusmáticas"; insultos vulgares, gritos meio animalescos que não se podem (ainda) atribuir a indivíduos visualmente identificados, e que assim adquirem uma poderosa dimensão espectral.[2] O artifício narrativo assim mobilizado é emprestado de muitos filmes de horror, ou de *westerns*, em que um grupo de personagens simpáticos está cercado por um Inimigo invisível que é apenas ouvido ou visto de relance como sombras e manchas (desde o subestimado *western* dirigido por Jacques Tourneur, *Tambores apaches,* até *Assalto à 13ª DP*, de John Carpenter).[3]

Esse artifício formal nos compele, a nós espectadores, a nos identificarmos com o grupo sérvio sitiado, e o fato de os soldados sérvios serem oferecidos como o ponto de identificação do espectador é confirmado por mais uma estranha característica: apesar de, no início do filme, vermos aldeias muçulmanas destruídas por soldados sérvios, esses soldados não são os mesmos que mais tarde serão cercados no túnel; estes passam milagrosamente por aldeias incendiadas – não ocorrem chacinas, ninguém morre... Essa divisão fetichista (apesar de sabermos muito bem que esses soldados devem ter cumprido sua quota de matança de civis muçulmanos, isso não nos é mostrado, de

---

[2] Ver Michel Chion, *The Voice in Cinema*, Nova Iorque, Columbia University Press, 2000.

[3] A referência implícita aos *westerns* é ainda mais complexa, pois o filme *inverte* a percepção comum dos bósnios como os moradores da cidade sitiada e dos sérvios como os atacantes que cercam e matam de inanição uma grande cidade (Sarajevo, por exemplo): mas aqui os sérvios são os sitiados, e os bósnios os atacantes sitiadores. (E também, por falar nisso, foi Peter Handke quem, para defender os sérvios, se referiu a esse clichê, dando a ele um toque politicamente correto: como sabemos hoje que os índios (americanos nativos) eram os mocinhos que defendiam a própria terra dos colonizadores europeus, não deveríamos adotar a mesma conclusão com relação aos sérvios, que neste caso estavam no papel dos americanos nativos?)

forma que podemos continuar na crença de que suas mãos não estão cheias de sangue) cria as condições para a identificação simpática com eles. Ao contrário dos muçulmanos – uma Entidade espectral não identificada de insultos, ameaças e gritos selvagens –, os sérvios são plenamente individualizados, caracterizados basicamente como um "bando de anti-heróis loucos mas simpáticos". E, como observa com perspicácia Pavle Levi, a dimensão subversiva potencial desse artifício (se o Inimigo é puramente acusmático, e portanto espectral, por que não poderia ser apenas uma projeção paranoica dos próprios sérvios, o resultado de sua imaginação ideológica?) é solapada pela "desacusmatização" realizada no final, quando Halil, o principal soldado muçulmano, é apresentado como o amigo de infância de Milan, o principal personagem sérvio.

Esses exemplos não são ilustrativos da notória tese do "choque de civilizações"? Existe, evidentemente, uma verdade parcial nessa noção – basta observar a surpresa do americano médio: "Como é possível que essas pessoas demonstrem e pratiquem tamanho desprezo pela própria vida?". Não seria o obverso dessa surpresa o triste fato de nós, nos países do Primeiro Mundo, acharmos cada vez mais difícil até mesmo imaginar uma Causa pública ou universal pela qual estivéssemos prontos a sacrificar a vida? Quando, depois dos bombardeios, o ministro de Relações Exteriores do Talibã afirmou ser capaz de "sentir a dor" das crianças americanas, não estava ele dessa forma confirmando o papel ideológico hegemônico da frase cunhada por Bill Clinton? Parece que a divisão entre o Primeiro Mundo e o Terceiro está mais na oposição entre viver uma vida longa e satisfatória cheia de riqueza material e cultural e viver uma vida dedicada a uma Causa transcendente.

Duas referências filosóficas se apresentam imediatamente a propósito do antagonismo ideológico entre o modo de vida consumista do Ocidente e o radicalismo muçulmano: Hegel e Nietzsche. Não seria esse antagonismo o que existe entre o niilismo "passivo" e o "ativo" de Nietzsche? Nós, no Ocidente, somos os Últimos Homens de Nietzsche, imersos na estupidez dos prazeres diários, ao passo que os radicais muçulmanos engajados na luta estão prontos a arriscar tudo, até a autodestruição (não se pode deixar de notar o papel da bolsa de valores nos ataques: a prova definitiva de seu impacto traumático foi o fato de a Bolsa de Nova Iorque ter ficado fechada por quatro dias, e de sua reabertura, na segunda-feira seguinte, ter sido apresentada como o sinal de que as coisas começavam a voltar ao normal). Ademais, quando se examina essa oposição através das lentes da luta hegeliana entre o Mestre e o Servo, não se pode evitar um paradoxo: embora nós, ocidentais, sejamos percebidos como senhores exploradores, somos nós que ocupamos a posição do Servo que, por se prender à vida e seus prazeres, é incapaz de arriscar a vida (basta lembrar a noção de Colin Powell de uma guerra de alta tecnologia em que não há perdas humanas), ao passo que os radicais muçulmanos são os Senhores prontos a se arriscar a morrer... Essa noção de "choque de civilizações", entretanto, deve ser rejeitada de pronto: o que vemos hoje são, pelo contrário, choques *no interior* de cada civilização. Ademais, um exame perfunctório da história comparada do Islã e do cristianismo nos informa que o "histórico dos direitos humanos" (para usar um termo anacrônico) do Islã é muito melhor do que o do cristianismo: em séculos passados, o Islã sempre foi significativamente mais tolerante com as outras religiões do que o cristianismo. Esta é também a hora de recordar que foi por meio dos árabes que, na Idade Média, a Europa Ocidental recuperou o acesso ao legado da Grécia Antiga. Embora não desculpem de forma alguma os atos de horror de hoje, esses fatos ainda assim demonstram que estamos tratando não com uma característica inscrita no Islã em si, mas como resultado das condições sociopolíticas modernas.

Se o examinarmos com mais detalhe, de que trata o "choque de civilizações"? Não é verdade que todos os "choques" do mundo real estão relacionados ao capitalismo global? O alvo dos "fundamentalistas" muçulmanos não se resume ao impacto corrosivo do capitalismo global na vida social, mas também aos corruptos regimes "tradicionalistas" da Arábia Saudita, Kuwait, e outros. As chacinas mais horripilantes (as de Ruanda, Congo e Serra Leoa) não somente aconteceram – e continuam a acontecer – como decorrência dos choques no interior da mesma "civilização", mas se relacionam claramente com o jogo de interesses econômicos globais. Mesmo nos poucos casos que poderiam se ajustar vagamente à definição de "choque de civilizações" (Bósnia e Kosovo, o sul do Sudão, etc.), a sombra de outros interesses é facilmente discernível. Uma dose adequada de "reducionismo econômico" faria mais sentido nesse caso: em vez das infindas análises de como o "fundamentalismo" islâmico é intolerante com relação às nossas sociedades liberais, e outros tópicos relativos ao "choque-de-civilizações", deveríamos voltar a focalizar o cenário econômico do conflito – o choque de interesses *econômicos* e dos interesses geopolíticos dos próprios Estados Unidos (como manter ligações privilegiadas com Israel e com os regimes árabes conservadores como os da Arábia Saudita e do Kuwait).

Sob a oposição entre sociedades "liberais" e "fundamentalistas", "McWorld *versus* Jihad", oculta-se um embaraçoso terceiro termo: países como a Arábia Saudita e Kuwait, monarquias profundamente conservadoras, mas aliados econômicos dos americanos, completamente integrados ao capitalismo ocidental. Nesse caso, os Estados Unidos têm um interesse muito preciso e simples: para poder contar com as reservas de petróleo desses países, estes devem continuar sendo não democráticos (a noção subjacente é evidentemente a de que qualquer despertar democrático poderia dar ensejo a atitudes antiamericanas).

É uma velha história, cujo infame primeiro capítulo, depois da Segunda Guerra Mundial, foi o *coup d'état* orquestrado pela CIA contra o governo democraticamente eleito do primeiro--ministro Muhammad Hidayat, em 1953 – ali não havia "fundamentalismo", nem mesmo uma "ameaça soviética", apenas um despertar democrático, baseado na ideia de que o país deveria assumir o controle de suas reservas de petróleo e quebrar o monopólio das companhias ocidentais. Durante a Guerra do Golfo, em 1990, descobriu-se até onde os Estados Unidos estão dispostos a chegar a fim de manter esse pacto, quando soldados judeus americanos aquartelados na Arábia Saudita tiveram de ser transportados por helicóptero até os porta-aviões no Golfo para orar, pois os ritos não-maometanos são proibidos em solo saudita.

A posição "pervertida" dos verdadeiros "fundamentalistas" dos regimes árabes conservadores é a chave das charadas (geralmente cômicas) da política americana no Oriente Médio: eles representam o ponto em que os EUA são forçados a reconhecer explicitamente a primazia da economia sobre a democracia – ou seja, o caráter secundário e manipulativo das intervenções internacionais legitimadoras – quando afirmam proteger a democracia e os direitos humanos. O que não se pode deixar de ter em mente acerca do Afeganistão é que, até a década de 1970 – ou seja, antes da época em que o país se envolveu na luta das superpotências –, ele era uma das sociedades maometanas mais tolerantes, com uma tradição secular: Kabul era conhecida como uma cidade de vibrante vida cultural e política. O paradoxo, portanto, é que a ascensão do Talibã, essa aparente "regressão" ao ultrafundamentalismo, longe de expressar uma profunda tendência "tradicionalista", foi o resultado de o país ter caído no vórtice da política internacional – foi não somente uma reação a ela, mas também resultado direto do apoio das potências estrangeiras (Paquistão, Arábia Saudita e os próprios EUA).

60 • Bem-vindo ao deserto do Real!

Quanto ao "choque de civilizações", é bom lembrar a carta de uma menina americana de sete anos cujo pai era piloto na guerra do Afeganistão: ela escreveu que – embora amasse muito seu pai, estava pronta a deixá-lo morrer, a sacrificá-lo por seu país. Quando o presidente Bush citou suas palavras, elas foram entendidas como manifestação "normal" de patriotismo americano; vamos conduzir uma experiência mental simples, e imaginar uma menina árabe maometana pateticamente lendo para as câmeras as mesmas palavras a respeito do pai que lutava pelo Talibã – não é necessário pensar muito sobre qual teria sido a nossa reação: mórbido fundamentalismo islâmico que não rejeita nem mesmo a cruel manipulação e exploração das crianças... Toda característica atribuída ao Outro já está presente no coração mesmo dos EUA. Fanatismo assassino? Existem hoje nos EUA mais de dois milhões de "fundamentalistas" populistas de direita que também praticam seu próprio tipo de terror, legitimado pelo (seu modo de entender o) cristianismo. Como os EUA, de certa forma, os "protegem", seria esperável que o Exército americano punisse os próprios americanos depois da bomba em Oklahoma? E o que dizer da forma como Jerry Falwell e Pat Robertson reagiram aos acontecimentos de 11 de setembro, vendo neles um sinal de que Deus retirava dos EUA a sua proteção por causa das vidas pecaminosas dos americanos, lançando a culpa no materialismo hedonista, no liberalismo e na sexualidade desvairada, e afirmando que a América havia recebido o que merecia? O fato de a condenação da América "liberal" feita pelo Outro Maometano ser a mesma que se originou no coração da *Amérique profonde* deve nos fazer pensar. No dia 19 de outubro, George W. Bush foi forçado a reconhecer que os prováveis autores dos ataques com antraz não eram terroristas maometanos, mas fundamentalistas cristãos da extrema direita americana – mais uma vez, o fato de atos antes atribuídos a um inimigo externo poderem na verdade ser perpetrados dentro da própria *Amérique profonde* não nos ofereceria uma confirmação inesperada da tese de que o verdadeiro choque é o choque no interior de cada civilização?[4]

Ora, nos meses que se seguiram aos ataques, era como se estivéssemos vivendo num tempo único entre um acontecimento traumático e seu impacto simbólico, tal como naqueles breves momentos depois de sofrermos um corte profundo, em que ainda não sentimos a dor. Ainda não sabemos como os eventos serão simbolizados, qual será a sua eficácia simbólica, que atos serão justificados por sua evocação. À parte outros efeitos, sentimos claramente as limitações de nossa democracia: tomam-se decisões que afetam o destino de todos nós, e todos nós apenas esperamos, cientes de nossa completa impotência. Nos dias seguintes ao 11 de Setembro, os americanos redescobriram *en masse* o orgulho americano, exibindo bandeiras e cantando em coro em público, mas devo enfatizar, agora mais que nunca, que não há nada de "inocente" nessa redescoberta da inocência americana, nesse abandono do sentimento da culpa ou ironia histórica que evitou que muitos americanos assumissem integralmente sua identidade nacional. A significância desse gesto vinha de ele assumir "objetivamente" o peso de tudo o que no passado representava ser "americano" –

---

[4] De acordo com alguns advogados conservadores americanos, um ato executado por convicção religiosa não pode por definição ser considerado insano, pois a religião representa a mais alta dimensão espiritual da humanidade. Como, então, deveríamos classificar os palestinos que executam atentados suicidas? Seria autêntica a sua crença religiosa? Ou não? Se não, pode o mesmo rótulo de insanidade ser aplicado aos terroristas cristãos americanos? É este o velho tópico do Iluminismo que trata da frágil fronteira entre religião e loucura, ou "superstição" religiosa e a religião "racional" pura.

um caso exemplar de interpelação ideológica, de completa assunção do próprio mandato simbólico, que entra em cena depois da perplexidade causada por algum trauma histórico. No rescaldo traumático do 11 de Setembro, quando a velha segurança pareceu momentaneamente estilhaçada, o que poderia ser mais "natural" que se refugiar na inocência de uma firme identificação ideológica?[5] Mas são exatamente esses momentos de inocência transparente, de "volta ao básico", em que o gesto de identificação parece "natural", que são, do ponto de vista da crítica da ideologia, os mais obscuros, sendo até, de certa forma, a própria obscuridade.

Vamos recordar outro desses momentos de inocência transparente, o infinitamente reproduzido vídeo da Avenida da Paz Celestial em Pequim, no ponto culminante dos "incidentes" de 1989, em que um jovem carregando uma lata, sozinho diante de um gigantesco tanque em movimento, corajosamente procura evitar seu avanço, de forma que, quando o tanque tenta contorná-lo pela direita ou esquerda, o homem se move para o lado, ficando outra vez à sua frente: "A representação é tão poderosa que demole todos os outros entendimentos. Essa cena de rua, esse dia e esse acontecimento passaram a constituir o centro de todas as viagens ocidentais ao interior da vida cultural e política contemporânea da China".[6]

Mais uma vez, para nosso olhar ocidental, esse momento de claridade transparente (as coisas são apresentadas na mais extrema nudez: um homem sozinho contra a força bruta do Estado) é sustentado por uma teia de implicações ideológicas

---

[5] Baseio-me aqui na minha elaboração crítica da noção de interpelação de Althusser no capítulo 3 de *Metastases of Enjoyment*, Londres e Nova Iorque, Verso, 1995.

[6] Michael Dutton, *Streetlife China*, Cambridge, Cambridge University Press, 1998, p. 17.

que corporificam uma série de oposições: indivíduo *versus* Estado; resistência pacífica *versus* violência do Estado; homem *versus* máquina; força interior do indivíduo *versus* impotência da máquina poderosa... Estas implicações, contra cujo cenário a imagem exerce todo seu impacto direto, essas "mediações" que sustentam o impacto imediato da imagem, não estão presentes para um observador chinês, pois esta série de oposições é inerente ao legado ideológico europeu. E o mesmo cenário ideológico também sobredetermina a nossa percepção das imagens pavorosas de pequenos indivíduos que saltam da torre do WTC para a morte certa.

Então, o que dizer da frase que reverbera por toda parte: "Nada será como antes, depois do 11 de Setembro"? Significativamente, essa frase nunca é elaborada – é apenas um gesto vazio de dizer uma coisa "profunda" sem realmente saber o que se quer dizer. Assim, nossa primeira reação a ela deveria ser: "É mesmo? E se nada epocal aconteceu no dia 11 de setembro? E se – como parece demonstrar a exibição maciça de patriotismo americano – a experiência dramática do 11 de Setembro serviu apenas como um artifício para a ideologia hegemônica americana 'retornar ao básico', reafirmar suas coordenadas ideológicas básicas contra a tentação antiglobalista e outras tentações críticas?" Talvez eu devesse qualificar essa afirmação introduzindo a temporalidade do *futur antérieur*: em 11 de setembro os EUA tiveram a oportunidade de entender a espécie de mundo de que eles fazem parte. Poderiam ter aproveitado a oportunidade – mas não o fizeram; pelo contrário, optaram por reafirmar seus compromissos ideológicos tradicionais: abaixo os sentimentos de responsabilidade e culpa com relação à miséria do Terceiro Mundo, agora *nós* somos as vítimas! Assim, quando Timothy Garton Ash afirma pateticamente com relação ao Tribunal de Haia: "Nenhum Führer, nem Duce, nem Pinochet, nem Idi Amin, nem Pol Pot poderão mais se proteger da intervenção da

64 • Bem-vindo ao deserto do Real!

justiça do povo atrás dos portões dos palácios da soberania",[7] é bom notar quem está *ausente* dessa série de nomes que, à parte os nomes consagrados de Hitler e Mussolini, contém três ditadores do Terceiro Mundo: onde está pelo menos um nome dos Sete Grandes – alguém como Kissinger, por exemplo?

Consideremos o colapso de um regime político – digamos, o colapso dos regimes comunistas da Europa Oriental em 1990: em dado momento, as pessoas repentinamente se deram conta de que o jogo havia terminado, e que os comunistas tinham perdido. O rompimento foi puramente simbólico; nada mudou "na realidade" – ainda assim, a partir daquele momento, o o lapso final do regime passou a ser uma questão de dias... E se algo semelhante ocorreu no dia 11 de setembro? Talvez a grande vítima do colapso do WTC vá ser uma figura do grande Outro, a Esfera americana. Durante o discurso secreto de Nikita Kruschev no XX Congresso do Partido Soviético, em que ele denunciou os crimes de Stalin, vários delegados sofreram colapsos nervosos e tiveram de ser retirados para receber assistência médica; um deles, Boleslaw Bierut, o secretário-geral linha-dura do Partido Comunista Polonês, morreu de um ataque cardíaco poucos dias depois. (E o escritor stalinista-modelo, Alexander Fadeyev matou-se com um tiro pouco após.) Não se trata do fato de serem eles "comunistas honestos" – eram, em sua maioria, brutais manipuladores sem nenhuma ilusão subjetiva sobre a natureza do regime soviético. O que se rompeu foi sua ilusão "objetiva", a figura do "grande Outro" contra cujo pano de fundo eles exerciam sua busca inexorável de poder: o Outro para o qual eles transpunham suas crença, o Outro que, de certa forma, acreditava em nome deles, seu sujeito encarregado das crenças, desintegrou-se. E não foi uma coisa análoga a que

---

[7] Timothy Garton Ash, "Solobo and Carla", *Suddeutsche Zeitung*, 14 de março de 2002, p. 15.

aconteceu após o 11 de Setembro? Não seria o 11 de Setembro o XX Congresso do Sonho Americano?

O 11 de Setembro já está sendo apropriado pelas causas ideológicas: desde as alegações nos meios de comunicação de massa de que a antiglobalização acabou, até a noção de que o choque dos ataques ao WTC revelou o caráter insubstancial dos Estudos Culturais pós-modernos, sua falta de contato com a "vida real". Apesar de a segunda noção ser (parcialmente) correta pelas razões erradas, a primeira é completamente falsa. A verdade é que o caráter relativamente fútil dos tópicos críticos padrão dos Estudos Culturais foi assim revelado: qual o valor de uma expressão politicamente incorreta com possíveis nuances racistas, comparada à torturante morte de milhares de pessoas? É esse o dilema dos Estudos Culturais: serão capazes de insistir nos mesmos tópicos, admitindo francamente que sua luta contra a opressão é uma luta dentro do universo do capitalismo do Primeiro Mundo – o que significa que, no conflito mais amplo entre o Primeiro Mundo Ocidental e a ameaça externa a ele, é necessário reafirmar a fidelidade à estrutura básica do liberalismo americano? Ou se arriscarão a radicalizar sua posição crítica; serão capazes de problematizar essa estrutura propriamente dita? Quanto ao fim da antiglobalização, as obscuras insinuações surgidas logo depois de 11 de setembro de que os ataques poderiam ter sido obra de terroristas antiglobalização não passam de grosseira manipulação: o único meio de conceber o que ocorreu no dia 11 de setembro é localizá-lo no contexto dos antagonismos do capitalismo global.

Não sabemos ainda quais serão as consequências desse acontecimento para a economia, a ideologia, a política e a guerra, mas uma coisa é certa: os EUA, que até hoje achavam que eram uma ilha protegida desse tipo de violência, vendo-a apenas da distância segura da tela do televisor, estão agora diretamente envolvidos. Assim, a alternativa é: decidirão os

EUA fortificar ainda mais a sua "esfera", ou se arriscarão a sair dela? Ou persistem – e até reforçam – a atitude profundamente imoral de perguntar: "Por que isso teve de acontecer conosco? Esse tipo de coisa não acontece *aqui*!", levando a mais agressividade contra o ameaçador Exterior – em suma: um paranoico *acting out*. Ou os EUA finalmente se arriscam a ultrapassar a tela fantasmática que os separa do Mundo Exterior, e aceitam sua chegada no mundo real, fazendo um movimento já muito retardado: o de, em vez de dizer que "esse tipo de coisa não deveria acontecer *aqui*!", passar a dizer que "esse tipo de coisa não deveria acontecer em *lugar nenhum*!". É esta a verdadeira lição dos ataques: a única forma de assegurar que isso não vai acontecer aqui é evitar que aconteça em qualquer lugar. Resumindo, a América deve aprender humildemente a aceitar sua própria vulnerabilidade enquanto parte deste mundo, impondo a punição aos responsáveis como um dever triste, não como uma excitante retaliação – mas o que está acontecendo é a reafirmação do papel excepcional dos EUA como a polícia do mundo, como se a causa do ressentimento contra os EUA não fosse o excesso, e sim a falta, de poder.

Os ataques ao WTC nos impõem a necessidade de resistir à tentação de uma dupla chantagem. Se nos limitarmos a simplesmente condená-los incondicionalmente, estaremos dando a impressão clara de que endossamos a espalhafatosamente ideológica posição da inocência americana sob o ataque do Mal que vem do Terceiro Mundo; se chamarmos a atenção para as causas sociopolíticas mais profundas do extremismo árabe, poderá parecer que nos limitamos a lançar a culpa sobre as vítimas, que afinal receberam apenas o que mereciam... A única solução possível é rejeitar exatamente essa oposição e adotar simultaneamente as duas posições, o que somente poderá ser feito se nos valermos da categoria dialética da totalidade: não existe escolha entre as duas posições; cada uma é tendenciosa e falsa. Longe de oferecer um caso em relação ao qual podemos adotar uma clara posição ética, encontramos aqui o limite da razão moral: do ponto de vista moral, as vítimas são inocentes, o ato um crime abominável, mas essa inocência não é em si inocente – adotar essa posição de "inocente" no universo do capitalismo global é em si uma falsa abstração. O mesmo é válido com relação ao choque mais ideológico de interpretações: pode-se alegar que o ataque ao WTC foi um ataque contra tudo por que vale a pena lutar nas liberdades democráticas – o decadente modo de vida ocidental condenado pelos maometanos e por outros fundamentalistas é o universo dos direitos da mulher e da tolerância multicultural;[8] mas poderíamos alegar também que foi um ataque contra o próprio centro e símbolo do capitalismo financeiro global. Esta alegação, evidentemente, não permite a ideia de culpa compartilhada (os terroristas são culpados, mas os americanos também têm parte da culpa...) – a questão é, pelo contrário, que os dois lados não são realmente opostos, eles pertencem ao mesmo campo. Resumindo, a posição a ser adotada é aceitar a necessidade de lutar contra o terrorismo, mas redefinir e expandir os termos, de forma a incluir também (alguns) atos dos americanos e de outras potências ocidentais: a opção entre Bush e Bin Laden não é a nossa escolha; os dois são "Eles" contra Nós. O fato de o capitalismo global ser uma totalidade significa que ele é uma unidade dialética de si mesmo e de seu outro, das forças que resistem a ele por razões ideológicas "fundamentalistas".

Consequentemente, as duas principais histórias que surgiram depois do 11 de Setembro são ambas piores, como Stalin

---

[8] Sob esse ponto de vista, é bom recordar a resposta do ministro do Exterior talibã à pergunta dos jornalistas ocidentais: por que as mulheres do Afeganistão não têm um papel mais importante (ou, melhor, *qualquer* papel) nos negócios públicos? "Como confiar numa pessoa que, por si só, sangra dois dias todos os meses?"

colocaria. A narrativa patriótica americana – a inocência sitiada, o surto de orgulho patriótico – é evidentemente vã; entretanto, seria a narrativa da esquerda (com a *Schadenfreude*: os EUA receberam o que mereciam, o que já vinham fazendo há décadas com os outros) realmente melhor? A reação predominante na esquerda europeia – e também na americana – foi nada menos que escandalosa: todas as asneiras imagináveis foram escritas e ditas, até a posição "feminista" de que as torres do WTC eram dois símbolos fálicos esperando ser destruídos ("castrados"). Não foi mesquinha e infeliz a lembrança da matemática do holocausto (o que são 3 mil mortos contra milhões em Ruanda, Congo, etc.)? E o que dizer do fato de a CIA ter colaborado na criação do Talibã e de Osama Bin Laden, financiando-os e ajudando-os a lutar contra os russos no Afeganistão? Por que esse fato foi citado como argumento contra o ataque a eles? Não seria mais lógico afirmar que o dever dos EUA era precisamente o de nos livrar do monstro que haviam criado? No momento em que pensamos em termos de "É verdade, a queda do WTC foi uma tragédia, mas não podemos nos solidarizar inteiramente com as vítimas, pois isso significaria apoiar também o imperialismo americano", já estamos diante da catástrofe ética: a única atitude aceitável é a solidariedade incondicional com *todas* as vítimas. A atitude ética correta é aqui substituída pela matemática moralizadora da culpa e do horror, que perde de vista um ponto importante: a morte terrível de todo indivíduo é absoluta e incomparável. Em resumo, vamos conduzir um experimento mental: se você percebe em si mesmo qualquer relutância em simpatizar com as vítimas da destruição do WTC, se sente necessidade de qualificar sua simpatia com a consideração de que "É verdade, mas e os milhões que sofrem na África...", você não está manifestando simpatia pelo Terceiro Mundo, mas apenas a *mauvaise foi* que atesta sua atitude paternalista e racista em relação às vítimas do Terceiro Mundo. (Mais precisamente, o problema com tais afirmações comparativas é serem elas tanto necessárias como inadmissíveis: é *preciso* fazer ambas as afirmações, é preciso dizer que coisas muito mais horríveis acontecem diariamente em todo o mundo – mas é necessário fazê-lo sem se envolver na obscena matemática da culpa).

Um dos juízos correntes da esquerda é mais bem exemplificado pela imagem na capa do catálogo da editora Verso da primavera de 2002: George Bush com a barba de sacerdote maometano – o liberalismo capitalista global que se opõe ao fundamentalismo maometano é ele próprio um modo de fundamentalismo, de forma que, na atual "guerra contra o terrorismo", estamos na verdade diante de um choque de fundamentalismos. Apesar de sua eficiência retórica, essa doxa esconde o paradoxo contrário, muito mais perturbador: os fundamentalistas maometanos não são verdadeiramente fundamentalistas, já são "modernistas", um produto e um fenômeno do capitalismo global moderno – representam a forma como o mundo árabe luta para se ajustar ao capitalismo global. Devemos portanto rejeitar também a sapiência liberal padrão segundo a qual o Islã ainda precisa realizar a revolução protestante que o abriria para a modernidade: essa revolução protestante já foi realizada há dois séculos na forma do movimento Wahhabi que surgiu no que é hoje a Arábia Saudita. Seu princípio básico, o exercício do *ijtihad* (o direito de reinterpretar o Islã com base na mudança das condições), é o correspondente exato da leitura de Lutero da Bíblia. *Ijtihad* é uma noção dialética: nem a imersão espontânea nas velhas tradições, nem a necessidade de "adaptar-se às novas condições" e fazer concessões, mas a necessidade de *reinventar a própria eternidade* sob as novas condições históricas. Os wahhabis eram extremamente "puristas" e "dogmáticos", opondo-se a todo tipo de acomodação fácil às novas tendências da modernidade ocidental; e, ao mesmo tempo, advogavam o abandono dos velhos costumes supersticiosos e orgânicos – exatamente a fórmula da volta "protestante" às origens contra a corruptora inércia da tradição.

Outra área em que a esquerda fracassou redondamente é que, nas semanas seguintes aos ataques, ela voltou ao velho mantra do "É preciso dar uma chance à paz! A guerra não termina com a violência!" – um verdadeiro caso de precipitação histérica, uma reação a algo que nem vai ocorrer da forma esperada. Em vez da análise concreta da complexa situação que se instalou depois dos ataques, das oportunidades que ela dá à esquerda para propor sua própria interpretação dos acontecimentos, temos o cego canto ritual "Chega de guerra!", que não leva em conta nem mesmo esse fato elementar, o reconhecimento *de facto* pelo próprio governo americano (pelo adiamento por um mês de sua ação retaliatória) de que não se trata de uma guerra igual às outras, de que o bombardeio do Afeganistão não é uma solução. Uma situação triste, em que George Bush demonstrou maior poder de reflexão do que a maior parte da esquerda! Ainda assim houve o segundo falso argumento da esquerda de que os autores dos ataques ao WTC deveriam ser perseguidos e punidos como criminosos – o que aconteceu foi um ato criminoso. Essa noção despreza completamente a dimensão do "terrorismo" atual.[9]

---

[9] Quando tratamos com a esquerda atual, devemos sempre ter em mente o narcisismo da esquerda pela Causa perdida, mais bem caracterizado como a inversão do bem-conhecido cinismo de Talleyrand: quando, durante um jantar, ouviu os sons de uma batalha de rua, ele comentou para o seu vizinho de mesa: "Está vendo? O nosso lado está vencendo!". Quando lhe foi perguntado, "Qual lado?", ele respondeu: "Vamos saber amanhã, quando soubermos que lado venceu!". A atitude nostálgica da esquerda é: "Veja, nosso lado está perdendo!" "Qual lado?" "Vamos saber amanhã quando soubermos qual lado perdeu!"

Com essa "esquerda", quem precisa de direita? É natural, então, que diante de loucuras "esquerdistas" semelhantes, a facilidade com que a ideologia hegemônica se apropriou da tragédia de 11 de setembro e impôs sua mensagem básica foi ainda maior do que se poderia esperar dado o controle da direita e do centro liberal sobre os meios de comunicação de massa: acabaram-se os jogos fáceis, é preciso escolher lados – contra (o terrorismo) ou a favor. E como ninguém se declara abertamente a favor, a simples dúvida, uma atitude questionadora, é denunciada como apoio disfarçado ao terrorismo... É precisamente essa a tentação a que se deve resistir: *é exatamente nesses momentos de aparente clareza de escolha que a mistificação é total.* A escolha que nos é proposta não é a verdadeira escolha. Hoje, mais do que nunca, devemos reunir forças para tomar um distanciamento e refletir sobre o cenário da situação. Intelectuais que sucumbiram à tentação são representados pelo grupo de cinquenta que, em fevereiro de 2002, assinaram um ridículo apelo ao patriotismo americano – um caso claro de paradoxo pragmático de designação autocanceladora (os intelectuais que assinaram o apelo perderam assim sua condição de intelectuais).

Primeira complicação: seria hoje a escolha crucial a da democracia liberal *versus* fundamentalismo ou sua derivada (por exemplo, modernização *versus* resistência a ela)? O único meio de explicar a complexidade e estranhos desvios da situação global de hoje é insistir que a verdadeira escolha é entre o capitalismo e seu Outro (representado no momento por correntes marginais como o movimento antiglobalização); essa escolha é então acompanhada por fenômenos estruturalmente secundários, sendo os principais entre eles a tensão intrínseca entre o capitalismo e seu próprio excesso. Ao longo do século XX, percebe-se o mesmo padrão: para esmagar seu verdadeiro inimigo, o capitalismo começou a brincar com fogo, e mobilizou seu excesso obsceno disfarçado de fascismo; mas esse excesso assumiu vida própria, e se tornou tão forte que o capitalismo "liberal" foi forçado a unir forças com seu verdadeiro inimigo (o comunismo) para derrotá-lo. Significativamente, a guerra entre o capitalismo e o comunismo foi uma guerra fria, ao passo que a grande guerra quente foi lutada contra o fascismo. E o caso do Talibã não seria idêntico? Depois de criar um fantasma para combater o comunismo, eles o transformaram em seu principal inimigo. Consequentemente, mesmo que o terrorismo nos mate a todos, a guerra americana contra o terrorismo não é a nossa luta, mas uma luta interna do universo capitalista. O primeiro dever de um intelectual progressista (se é que esse termo tem ainda hoje algum significado) não é lutar as lutas de seu inimigo por ele.

Segunda complicação: devemos "desconstruir" o próprio Afeganistão, que nunca existiu em si, sendo desde o início uma criação de forças externas. Se seguirmos as linhas "naturais" de divisão étnica, então parte do Afeganistão deveria ser incluída nas antigas repúblicas muçulmanas soviéticas (Tajiquistão e Uzbequistão) ou no Irã; outra parte, mais o nordeste do Paquistão, deveriam formar um Estado pashtun (os pashtuns estão divididos mais ou menos meio a meio entre o Afeganistão e o Paquistão). E o que dizer da estranha protuberância com a forma de um verme no nordeste, habitada pelos tajiques? Foi separada artificialmente há cem anos como uma zona amortecedora para evitar o contato direto entre os domínios britânico e russo. Ao mesmo tempo, a área dos pashtuns foi dividida pela arbitrária Linha Durand para evitar que os pashtuns ameaçassem os interesses britânicos no Paquistão (então Índia). E seria fácil demonstrar que o mesmo se aplica ao próprio Paquistão – uma terra sem tradição própria, um exemplo do que seria uma entidade artificial.

Longe de ser um reino antigo, isolado do alcance da modernização, até recentemente intocado pela história, a *própria existência do Afeganistão é o resultado desse jogo de potências estrangeiras.* O que mais se aproxima do Afeganistão na Europa seria a Bélgica: uma zona amortecedora entre a França e a Holanda que se originou da guerra entre protestantes e católicos (os belgas são, basicamente, holandeses que continuaram católicos). Se os afegãos são conhecidos como produtores de ópio, os belgas são conhecidos por produzirem um outro material, mais benigno, de prazeres pecaminosos (chocolate). Se os talibãs do Afeganistão aterrorizam as mulheres, os belgas são conhecidos pela pornografia e exploração infantis. Finalmente, se essa imagem dos belgas como comedores de chocolate e exploradores de crianças é um lugar-comum criado pela mídia, *também o é a imagem do Afeganistão como o país do ópio e da opressão feminina.* É como a velha anedota: "Os judeus e os ciclistas são a raiz de todos os nossos problemas!" "Por que os ciclistas?" *"Por que os judeus?"*

As "férias da história" dos EUA foram uma farsa: a paz americana foi comprada com catástrofes que aconteciam por toda parte. Nos dias de hoje, a imagem dominante é a de um olhar inocente que confronta o Mal indizível que atacou do Exterior – e mais uma vez, com relação a esse olhar, é preciso reunir forças para aplicar a ele o conhecido dito hegeliano de que o Mal reside (também) no olhar inocente que percebe o Mal em tudo. Existe assim um elemento de verdade até mesmo na visão da reprimida Maioria Moral de uma América dedicada aos prazeres irracionais, no horror conservador diante desse submundo de exploração e violência patológicas: o que eles não entendem é apenas a identidade especulativa hegeliana entre esse submundo e sua própria posição de falsa pureza – o fato de muitos pregadores fundamentalistas serem denunciados como pervertidos sexuais é mais do que um fato empírico contingente. A alegação do infame Jimmy Swaggart de que o fato de ele visitar prostitutas dava mais força à sua pregação (pois sua luta íntima lhe mostrava contra o que ele pregava), apesar de hipócrita no plano subjetivo imediato, era ainda assim objetivamente verdadeira.

Seria possível imaginar ironia maior que o fato de se ter escolhido o nome de código "Justiça Infinita" para a operação americana contra os terroristas (alterada depois em resposta à censura de sacerdotes islamitas americanos de que apenas Deus tem a capacidade de exercer a justiça infinita)? Levado a sério, esse nome é profundamente ambíguo: ou ele significa que os EUA têm o direito de destruir implacavelmente não apenas todos os terroristas, mas também todos os que lhes deram apoio material, moral, ideológico, e outros – e, por definição, esse processo não terá fim, no exato sentido hegeliano de "mau infinito", a obra que nunca se completa, pois sempre haverá mais uma ameaça terrorista (e, na verdade, já em abril de 2002, Dick Cheney afirmou claramente que a luta contra o terrorismo provavelmente nunca vai terminar, pelo menos durante a nossa vida) –; ou significa que a justiça exercida deve ser verdadeiramente infinita no sentido hegeliano estrito – o de que, ao se relacionar com os outros, ela tem de se relacionar consigo mesma: ou seja, que é preciso perguntar como nós, que exercemos essa justiça, estamos envolvidos com aquilo contra o que lutamos. Quando recebeu, em 22 de setembro de 2002, o prêmio Theodor Adorno, Jacques Derrida se referiu no seu discurso aos ataques: "Minha compaixão incondicional dirigida às vítimas de 11 de setembro não evita que eu afirme em alto e bom som: com relação a esse crime, não acredito que alguém seja inocente". Esse ato de se autorrelacionar, de se autoincluir no quadro, é a única "justiça infinita".

Contra essa algaravia cínica sobre "justiça infinita", sou tentado a recordar as palavras do líder talibã mulá Muhammad Omar em seu discurso ao povo americano no dia 25 de setembro de 2001: "vocês aceitam tudo o que seu governo diz, sem se perguntar se é verdade ou mentira. ... Vocês não são capazes de pensar por si próprios? ... Seria melhor que vocês usassem sua própria inteligência e entendimento." Apesar de essas declarações serem claramente uma manipulação cínica (o que dizer de dar aos próprios afegãos o direito de usar a própria inteligência e entendimento?), elas ainda assim, quando tomadas num sentido abstrato e fora de contexto, não soam verdadeiras?

3

A FELICIDADE DEPOIS
DO 11 DE SETEMBRO

Em psicanálise, a traição do desejo tem um nome preciso: felicidade. Quando exatamente se pode dizer que as pessoas são felizes? Num país como a Tchecoslováquia no fim da década de 1970 e na de 1980, as pessoas eram de certa forma felizes: três condições fundamentais eram satisfeitas ali.

1. Suas necessidades materiais básicas eram satisfeitas – não *excessivamente* bem satisfeitas, pois o próprio excesso de consumo pode gerar infelicidade. É bom sentir de tempos em tempos um pequeno racionamento de alguns produtos no mercado (faltar café por uns dois dias, depois faltar carne, em seguida aparelhos de TV): esses curtos períodos de racionamento funcionavam como exceções que lembravam às pessoas que elas deviam se sentir felizes por esses produtos estarem em geral disponíveis – se tudo é disponível o tempo todo, as pessoas tomam essa disponibilidade como fato evidente da vida e passam a não apreciar a própria sorte. Assim, a vida continuava, regular e previsível, sem nenhum grande esforço ou choque; era possível se retirar para seu próprio mundo privado.
2. Uma segunda característica, extremamente importante: existia o Outro (o partido) para receber a culpa de tudo que estivesse errado, de forma que ninguém tinha de se

sentir verdadeiramente responsável – se havia um racionamento temporário de algum produto, ou mesmo se uma tempestade provocava grandes prejuízos, seria culpa "deles".

3. E por fim, mas não menos importante, havia um Outro Lugar (o Ocidente consumista) com que sempre se podia sonhar, e até mesmo visitar ocasionalmente, um lugar que ficava à distância certa, nem muito longe, nem muito perto.

Esse frágil equilíbrio foi perturbado; por quê? Pelo desejo, exatamente. O desejo era uma força que levava as pessoas a avançar – e chegar a um sistema em que a vasta maioria era definitivamente *menos* feliz.

Assim, a felicidade é, para usar as palavras de Alain Badiou, não uma categoria de verdade, mas uma categoria de simples Ser e, como tal, confusa, indeterminada, inconsistente (lembremos a resposta dada por um imigrante alemão nos EUA quando perguntado se era feliz: "Sou, sim; sou muito feliz, *aber glücklich bin ich nicht...*"). É um conceito *pagão*: para os pagãos, o objetivo da vida é ser feliz (a ideia de "viver felizes para sempre" é uma versão cristianizada do paganismo), e o sentimento religioso e a atividade política são considerados as mais altas formas de felicidade (ver Aristóteles) – não é de admirar, portanto, que o Dalai Lama tenha tido tanto sucesso ao pregar a felicidade pelo mundo, nem é de admirar que ele tenha encontrado resposta tão convicta exatamente nos EUA, o império último da (busca da) felicidade... Resumindo, "felicidade" pertence ao princípio do prazer, e o que a solapa é a insistência em um além do princípio do prazer.

Num sentido lacaniano estrito do termo, deveríamos então postular que a "felicidade" se baseia na incapacidade, ou aversão, do sujeito de enfrentar abertamente as consequências de seu desejo: o preço da felicidade é permanecer o sujeito preso à inconstância do desejo. Na vida diária, (fingimos) desejar coisas que na verdade não desejamos, e assim, ao final, o pior que pode nos acontecer é conseguir o que "oficialmente" desejamos. A felicidade é, portanto, intrinsecamente hipócrita: é a felicidade de sonhar com coisas que na verdade não queremos. Quando hoje a esquerda bombardeia o sistema do capital com exigências que este evidentemente não consegue atender (Pleno emprego! Manter o Estado assistencialista! Todos os direitos aos imigrantes!), ela está fazendo um jogo de provocação histérica, de dirigir ao Mestre uma exigência que lhe será impossível satisfazer, expondo assim a sua impotência. Mas o problema dessa estratégia não é apenas o fato de o sistema não ser capaz de atender a essas demandas, mas, além disso, o fato de que aqueles que as manifestam na verdade não desejarem que elas se realizem. Por exemplo, quando exigem direitos plenos para os imigrantes e a abertura das fronteiras, estarão os acadêmicos "radicais" cientes de que a implementação direta de tais exigências implicaria, por muitas razões, a inundação dos países ocidentais adiantados com milhões de imigrantes, criando dessa forma uma violenta reação racista da classe operária que colocaria em risco a própria posição privilegiada desses acadêmicos? É claro que sabem, mas contam com o fato de que suas exigências não serão atendidas – e assim eles continuam hipocritamente a manter limpa sua consciência radical sem perder sua posição privilegiada. Em 1994, quando já se previa uma nova onda de imigração de Cuba para os EUA, Fidel Castro avisou aos EUA que se não parassem de incentivar os cubanos a emigrar, Cuba deixaria de tentar contê-los, o que Cuba cumpriu alguns dias depois, embaraçando os EUA com milhares de visitantes indesejados... Isso lembra a mulher que respondeu a um homem que a insultava com insinuações machistas: "Cale a boca, ou eu te obrigo a fazer aquilo de que você se gaba!".

80 • Bem-vindo ao deserto do Real!

Nos dois casos, o gesto é o de pagar para ver, contando com o fato de o outro realmente ter medo de que o primeiro atenda às exigências. E esse gesto não traria o pânico para os nossos acadêmicos radicais? Neste caso, o lema de 68, "*Soyons réalistes, demandons l'impossible*", adquire um significado novo e cínico que talvez revele a verdade: "Sejamos realistas: nós, acadêmicos da esquerda, queremos parecer críticos, apesar de usufruirmos de todos os privilégios que o sistema nos oferece. Vamos então bombardeá-lo com exigências impossíveis: sabemos que essas exigências não serão atendidas, e ficaremos seguros de que nada vai realmente mudar, e manteremos nosso *status* privilegiado!". Se alguém acusa uma grande empresa de certos crimes financeiros, está se arriscando até a uma tentativa de assassinato; por outro lado, se pede à grande empresa um financiamento para um projeto de pesquisa sobre a relação entre o capitalismo global e o surgimento de identidades pós-coloniais, a mesma pessoa tem uma boa probabilidade de ganhar milhares de dólares.

Os conservadores estão, portanto, plenamente justificados em legitimar sua oposição ao conhecimento radical em termos de felicidade: o saber é o gerador último da infelicidade. Ao contrário da noção de que a curiosidade é inata aos humanos – de que existe no fundo de cada um uma *Wiessenstrieb*, a necessidade de saber –, Jacques Lacan afirma que a atitude espontânea do ser humano é a de que "não quero saber disso" – uma resistência fundamental contra saber demais. Todo progresso do conhecimento tem de ser conquistado ao preço de uma luta dolorosa contra nossas propensões espontâneas – a moderna biogenética não é a prova mais evidente dos limites de nossa disposição a aprender? O gene responsável pela coreia de Huntington já foi isolado, e assim é possível saber não só se, mas também quando, alguém vai sofrer dela. A instalação da doença depende de uma transcrição genética errada – a repetição da "palavra" CAG no meio do gene; a idade em que a doença aparece depende estrita e implacavelmente do número de repetições de CAG em alguma parte do gene (se forem quarenta repetições, os primeiros sintomas vão aparecer aos 59 anos; se forem 41, aos 54... se forem 50, aos 27 anos). Uma vida sadia, boa condição física, o melhor remédio, o amor e apoio da família de nada adiantam – fatalismo puro, sem diluição pela variabilidade ambiental. Ainda não há cura; não se pode fazer nada.[1] Então, o que devemos fazer quando se sabe que podemos nos submeter a todos os exames e dessa forma adquirir um conhecimento que, se positivo, nos informa exatamente quando vamos ficar loucos e morrer? Seria possível imaginar uma confrontação mais clara com a contingência sem sentido que governa a nossa vida?

Assim, a coreia de Huntington nos coloca diante de uma alternativa perturbadora: se existe uma história da doença na minha família, eu deveria me submeter aos exames que me dirão se (e quando) vou contraí-la ou não? Qual é a resposta? Se não for capaz de suportar a perspectiva de saber quando vou morrer, a solução (mais fantasmática que realista) ideal parece ser a seguinte: autorizo outra pessoa ou instituição em quem eu tiver total confiança a me examinar e *não me informar o resultado* e, caso o resultado seja positivo, a me matar de forma inesperada e indolor durante o sono pouco antes da instalação da doença fatal... O problema com esta solução é que *eu sei que o Outro sabe* (a verdade sobre a minha doença), e isso estraga tudo, por me expor à tortura de horríveis suspeitas.

Lacan chamou atenção para a condição paradoxal desse *conhecimento do conhecimento do Outro*. Consideremos a reversão final do romance *A Era da Inocência*, de Edith Wharton, em que o marido, que durante muitos anos amou em segredo a

---

[1] Ver Matt Riley, *Genome*, Nova Iorque, Perenial, 2000, p. 64.

condessa Olenska, fica sabendo que o tempo todo sua jovem esposa *tinha conhecimento* dessa paixão secreta. Talvez esta fosse outra forma de redimir *As pontes de Madison*: se no final do filme, pouco antes de morrer, Francesca ficasse sabendo que seu marido simplório e pé-no-chão sabia o tempo todo de sua breve paixão pelo fotógrafo do *National Geographic* e de sua enorme significação para ela, mas que nada disse para não a magoar. Esse é o enigma do conhecimento: como é possível que toda a economia psíquica de uma situação se altere radicalmente, não quando o herói fica sabendo diretamente de algo (um segredo há muito reprimido), mas quando ele *é informado de que o outro* (que ele imaginava ignorar) *também sabia o tempo todo* e só fingia não saber para manter as aparências – existe coisa mais humilhante que a situação de um marido que, depois de um longo caso secreto de amor, fica sabendo de repente que sua mulher sabia de tudo há muito tempo, mas guardou segredo por educação ou, o que é pior, por amor a ele?

A solução ideal seria então a contrária: se suspeitar que meu filho tem essa doença, devo mandar examiná-lo, *sem que ele saiba*, e depois matá-lo sem dor pouco antes que a doença se manifeste? A fantasia última da felicidade seria a de uma instituição estatal anônima que fizesse isso para todos nós sem nosso conhecimento – mas, mais uma vez, surge a pergunta: devemos saber (que um outro sabe), ou não? Está aberto o caminho para a sociedade totalitária perfeita... Só existe um meio de evitar essa charada: e se o falso nesse caso fosse a premissa, a noção de que o dever ético último é o de proteger o Outro da dor, o de mantê-lo numa ignorância protetora? Assim, quando Habermas defende restrições à manipulação genética referindo-se à ameaça que ela oferece para a autonomia, a liberdade e a dignidade humanas,[2]

---

[2] Ver Jürgen Habermas, *Die Zukunft der menschlichen Natur*, Frankfurt, Suhrkamp, 2001.

ele está "trapaceando" filosoficamente, ocultando a verdadeira razão por que sua linha de argumentação parece tão convincente: ele está se referindo realmente não à autonomia e à liberdade, mas à felicidade – é em prol da felicidade que ele, o grande representante da tradição iluminista, acabou aliado dos advogados conservadores da ignorância abençoada.

Que constelação ideológica mantém essa "busca da felicidade"? A bem-conhecida e bem-sucedida série *The Land Before Time* [*Em busca do vale encantado*], produzida por Steven Spielberg, oferece o que talvez seja a mais clara articulação da ideologia multiculturalista liberal hegemônica. A mesma mensagem é repetida vezes sem conta: somos todos diferentes – alguns de nós são grandes, outros são pequenos; alguns sabem lutar, outros sabem como fugir –, mas precisamos aprender à viver com essas diferenças, entendê-las como algo que torna mais ricas as nossas vidas (deve-se lembrar os ecos dessa atitude nos recentes relatórios sobre o tratamento dado aos prisioneiros da Al-Qaeda em Guantánamo: recebem comida adequada às suas necessidades culturais e religiosas específicas, têm permissão para rezar...). Externamente parecemos ser todos diferentes, mas por dentro somos todos iguais – indivíduos assustados, perdidos no mundo, carentes da ajuda do próximo. Numa das canções, os grandes dinossauros malvados explicam que quem é grande pode desobedecer a todas as regras, comportar-se mal, pisar nos pequenos e indefesos:

> Quem é grande/ tudo pode/ Os pequenos em volta/ Olham para cima/ e você para baixo.../ As coisas são melhores para quem é grande.../ Todas as regras feitas pelos grandes/ não se aplicam a você.

A resposta dos pequenos oprimidos na canção seguinte não é brigar com os grandes, mas entender que, por trás daquele exterior violento, eles não são diferentes de nós – secretamente temerosos, com sua própria quota de problemas:

Têm sentimentos como você/ Também têm problemas./ A gente pensa que porque são grandes/ Eles não têm, mas têm./ São mais barulhentos e mais fortes/ e agitam mais,/ mas lá no fundo/ acho que são como nós.

A conclusão óbvia é o elogio das diferenças:

Precisamos de todos/ Para fazer um mundo/ Dos baixos e dos altos/ Pequenos e grandes/ Para encher um lindo planeta/ de amor e risos./ Fazê-lo bom para morar/ Amanhã e depois de amanhã./ Precisamos de todos/ Sem dúvida/ tolos e sábios de todos os tamanhos/ Para fazer tudo o que tem de ser feito/ Para dar alegria à nossa vida.

É natural que a mensagem final dos filmes seja a da sabedoria pagã: a vida é um ciclo eterno em que as gerações mais velhas são substituídas pelas mais novas, em que tudo que aparece tem de desaparecer mais cedo ou mais tarde... O problema, evidentemente, é: até onde devemos chegar? São necessários todos os tipos – isso quer dizer os bons e os brutais, os ricos e os pobres, vítimas e torturadores? A referência ao reino dos dinossauros é especialmente ambígua neste caso, dado o caráter brutal de espécies animais que se devoram umas às outras – seria essa também uma das coisas a serem "feitas para dar alegria à nossa vida"? A própria inconsistência interna dessa visão paradisíaca da "terra antes do tempo" demonstra como a mensagem da colaboração na diferença é ideologia em alto estado de pureza – por quê? Exatamente porque toda noção de *antagonismo* "vertical" que atravesse o corpo social é rigidamente censurada, substituída por e/ou transformada em uma noção inteiramente distinta de diferenças "horizontais" com as quais temos de aprender a viver, porque cada uma complementa as outras. A visão ontológica subjacente aqui é a da pluralidade irredutível de constelações particulares, cada uma delas múltipla e deslocada em si mesma, que nunca será subsumida em nenhum continente universal neutro. No momento em que nos encontramos nesse plano, Hollywood encontra a crítica pós--colonial mais radical da universalidade ideológica: o problema central é visto como o da universalidade impossível. Em vez de impor nossa noção de universalidade (direitos humanos universais etc.), a universalidade – o espaço compartilhado de compreensão entre culturas diferentes – deve ser entendida como uma tarefa sem fim de tradução, uma constante reorganização da posição particular de cada um. Seria necessário acrescentar que essa noção de universalidade como um trabalho infinito de tradução nada tem a ver com os momentos mágicos em que a universalidade efetiva faz sua violenta aparição na forma de um *ato* ético-político destruidor? A verdadeira universalidade não é o nunca conquistado espaço neutro de tradução de uma determinada cultura em outra, mas, pelo contrário, a violenta experiência de como, através do divisor cultural, temos o mesmo antagonismo em comum.

Nesse ponto, é claro, impõe-se uma crítica óbvia: não seria essa tolerante sabedoria de Hollywood uma caricatura de estudos pós-coloniais verdadeiramente radicais? Para tanto, deveríamos responder: *seria mesmo?* Na verdade, existe mais verdade nessa caricatura simplificada e sem vida do que na mais elaborada teoria pós-colonial: pelo menos Hollywood destila a mensagem ideológica real do jargão pseudo-sofisticado. A atitude hegemônica de hoje é a da "resistência" – toda a poética das multidões marginais dispersas, as sexuais, étnicas, e de estilos de vida (*gays*, doentes mentais, prisioneiros...) "resistem" a um misterioso Poder (em maiúscula) central. Todos "resistem" – desde os *gays* e lésbicas até os *survivalists* da direita –; então, por que não inferir a conclusão lógica de que esse discurso da "resistência" é a norma hoje e, como tal, o principal obstáculo à emergência do discurso que realmente colocaria em questão

86 • Bem-vindo ao deserto do Real!

as relações dominantes?[3] Então, a primeira coisa a fazer é atacar o próprio cerne dessa atitude hegemônica, a noção de que o "respeito pelo Outro" é o axioma ético mais elementar.

> Devo insistir particularmente que a fórmula "respeito pelo Outro" nada tem a ver com nenhuma definição séria do que sejam o Bem e o Mal. O que significa "respeito pelo Outro" quando se está em guerra contra um inimigo, quando se é brutalmente abandonado por uma mulher em troca de outro, quando se tem de julgar as obras de um "artista" medíocre, quando a ciência tem de enfrentar seitas obscurantistas etc.? Geralmente é o "respeito pelo Outro" que é injurioso, que é mau. Especialmente quando é a resistência contra os outros, ou o ódio aos outros, que impele uma ação subjetivamente justa.[4]

A crítica óbvia neste caso é: os exemplos do próprio Badiou não demonstram os limites de sua lógica? Claro, ódio pelo inimigo, intolerância com a falsa sabedoria, e outros, mas a lição do último século não foi a de que, até mesmo – e especialmente – quando somos presos nessa luta, deveríamos respeitar um certo limite – o limite da radical alteridade do Outro? Não devemos jamais reduzir o Outro a nosso inimigo, a defensor do falso conhecimento, e assim por diante: nele ou nela sempre há de existir o Absoluto do impenetrável abismo de outra

---

[3] Conforme esse raciocínio, deveríamos enfatizar especialmente a natureza ambígua ("indecidível", para usar um termo em moda) do feminismo contemporâneo nos países desenvolvidos ocidentais – o feminismo americano predominante, com sua virada legalista *à la* Catherine MacKinnon, um movimento ideológico profundamente reacionário, sempre pronto a legitimar as intervenções militares americanas que envolvam interesses feministas, sempre pronto a fazer comentários condescendentes sobre as populações do Terceiro Mundo (desde a obsessão hipócrita com a clitorectomia até os comentários racistas de MacKinnon sobre a presença nos sérvios de genes de limpeza étnica e de estupro...).

[4] "On Evil: An Interview with Alain Badiou", *Cabinet*, número 5 (inverno de 2001), p. 72.

pessoa. O totalitarismo do século XX, com seus milhões de vítimas, mostrou o resultado último de seguir até o fim o que nos parece uma "ação subjetivamente justa" – e portanto não deve causar espanto que Badiou acabou por apoiar diretamente o terror comunista.

É precisamente essa a linha de raciocínio que devemos rejeitar; consideremos o caso extremo, uma luta mortal e violenta contra um inimigo fascista. Devemos mostrar respeito pelo abismo da radical Alteridade da personalidade de Hitler oculto sob todos os seus atos de maldade? Seria a este caso que deveríamos aplicar as famosas palavras de Cristo sobre ter ele vindo trazer a espada e a divisão, e não a unidade e a paz: *por causa do nosso amor pela humanidade*, até mesmo (o que restar dela) pela humanidade dos próprios nazistas, devemos lutar contra eles de forma absolutamente cruel e desrespeitosa. Em resumo, o sempre citado provérbio judeu sobre o Holocausto ("Quando alguém salva um homem da morte, está salvando toda a humanidade") deve ser completado por: "Quando alguém mata um único inimigo verdadeiro da humanidade, está salvando toda a humanidade". A verdadeira prova ética é não somente a disposição de salvar as vítimas, mas também – talvez até mais – a dedicação implacável à aniquilação dos que fizeram as vítimas.

O que a ênfase na multidão e na diversidade disfarça é, naturalmente, a monotonia subjacente à vida global de hoje. No seu interessante livreto sobre Deleuze,[5] Alain Badiou chamou atenção para o fato de que, se já houve um filósofo capaz de redescobrir e repetir sempre a mesma matriz conceitual ao tratar de qualquer tópico, da filosofia à literatura e ao cinema, esse foi Deleuze. A ironia desta revelação é ser precisamente esta a crítica padrão a Hegel – não importa o tema que esteja discu-

---

[5] Ver Alain Badiou, *Deleuze*, Paris, Hachette, 1997.

tindo, Hegel sempre consegue ajustá-lo ao molde do processo dialético. Não existe uma espécie de justiça poética no fato de ser Deleuze, o anti-hegeliano, o único filósofo a quem se pode aplicar essa afirmação? E isso é especialmente pertinente com relação à análise social: existe coisa mais monótona que a poesia deleuziana da vida contemporânea como a proliferação descentrada de multidões de diferenças não-totalizáveis? O que impede (e portanto sustenta) essa monotonia é a multiplicidade de ressignificações e deslocamentos aos quais se submete essa textura ideológica básica.

Unbreakable [*Corpo fechado*] (de M. Night Shyamalan, 2000 – com Bruce Willis) é paradigmático da moderna constelação ideológica no contraste mesmo entre forma e conteúdo.O conteúdo é infantilmente ridículo: o herói descobre que é na verdade um herói de história em quadrinhos, invulnerável e invencível, da vida real... Quanto à forma, é um refinado drama psicológico de ambientação melancólica e lenta: o sofrimento do herói que descobre ser traumaticamente difícil aceitar o que realmente é, sua interpelação, seu mandato simbólico.[6] Isso está bem ilustrado na cena em que seu próprio filho quer atirar nele, para lhe provar que ele é realmente invencível: quando o pai resiste, o filho começa a chorar, desesperado por o pai não ser capaz de aceitar a verdade a respeito de si próprio. Por que Bruce Willis resiste a levar um tiro? Teria ele medo de morrer, ou *teria medo de ter uma prova incontestável de ser invencível*? E não é exatamente este o mesmo dilema de Kierkegaard relativo à "doença até a morte"? Temos medo de descobrir não que somos mortais, mas, pelo contrário, que somos *imortais*. Neste caso,

---

[6] E a dificuldade de assumir a interpelação é um tópico importante da Hollywood pós-tradicional. Qual é a característica unificadora entre dois filmes de Martin Scorsese, *A última tentação de Cristo* e *Kundun*? Nos dois casos, a encarnação humana da figura divina (Cristo ou o Dalai Lama) é representado no difícil processo de assumir seu mandato.

A felicidade depois do 11 de Setembro • 89

devemos ligar Kierkegaard a Badiou: é difícil, verdadeiramente traumático, para um animal humano, aceitar que sua própria vida não é apenas um processo estúpido de reprodução e busca do prazer, mas que ele está a serviço de uma Verdade. E é assim que a ideologia parece trabalhar hoje, no nosso autoproclamado universo pós-ideológico: executamos nossos mandatos simbólicos sem admiti-los e sem "levá-los a sério": apesar de funcionar como pai, este faz acompanhar essa função de um fluxo constante de comentários irônicos ou reflexivos sobre a estupidez de ser pai etc.

O grande sucesso em desenho animado da Dreamworks, *Shrek* (de Andrew Adamson e Vicky Jenson, 2001), expressa perfeitamente esse funcionamento predominante da ideologia: é uma história de fadas padrão (o herói e seu assistente simpaticamente confuso vão derrotar o dragão e salvar a princesa de suas garras) embalada em engraçados "estranhamentos" brechtianos (quando assiste ao casamento na igreja, a multidão recebe instruções quanto à forma de reagir, tal como na falsa espontaneidade da TV: "Rir!", "Silêncio respeitoso!"), desvios politicamente corretos (depois do beijo, não é o ogro quem se transforma no belo príncipe, é a linda princesa quem se transforma numa garota gordinha e comum), cutucadas irônicas na vaidade feminina (enquanto espera o salvador, a bela princesa adormecida arruma rapidamente o cabelo para se apresentar mais bela), reversões inesperadas de personagens maus em bons (o dragão malvado se revela uma fêmea carinhosa que mais tarde ajuda os heróis), até referências anacrônicas a costumes modernos e cultura popular.

Em vez de aplaudir açodadamente esses deslocamentos e reinscrições como potencialmente "subversivos" e elevar *Shrek* à condição de mais um "lugar de resistência", devemos focalizar o fato óbvio de que, por meio de todos esses deslocamentos, *contou-se a mesma velha história*. Em resumo, a verdadeira função desses deslocamentos e subversões é exatamente tornar relevante para a nossa era "pós-moderna" a história tradicional – e dessa forma evitar que ela seja substituída por uma nova narrativa. É natural, portanto, que o final do filme seja uma versão irônica de "I'm a Believer", velho sucesso dos Monkees da década de 1960: hoje, os crentes são assim – zombam de suas crenças, apesar de continuar a praticá-las, ou seja, apoiar-se nelas como a estrutura oculta de suas práticas diárias.

Na velha República Democrática Alemã era impossível uma pessoa combinar três características: convicção (fé na ideologia oficial), inteligência e honestidade. Quem acreditava e era inteligente, não era honesto; quem era inteligente e honesto, não acreditava; quem acreditava e era honesto não podia ser inteligente. O mesmo não se aplica à ideologia da democracia liberal? Quem finge levar a sério a ideologia liberal hegemônica não pode ser ao mesmo tempo inteligente e honesto: ou é estúpido ou um cínico corrompido. Portanto, se me permitem uma alusão de mau gosto ao *Homo sacer* de Agamben, quero afirmar que o modo liberal dominante de subjetividade hoje é o *Homo otarius*: ao tentar manipular e explorar os outros, acaba sendo ele o verdadeiro explorado. Quando imaginamos estar zombando da ideologia dominante, estamos apenas aumentando seu controle sobre nós.[7]

---

[7] E essa atitude não se limita aos países ocidentais pós-modernos. Em 2001 surgiu na Rússia um movimento chamado "Caminhar Juntos", a organização jovem oficial de Putin cuja ideologia era "eurasiana", e pretendia defender os "valores russos" contra o Ocidente. Uma de suas ideias originais foi a queima de livros: para lutar contra a influência da decadência do liberalismo ocidental, eles propuseram eventos de massa para onde as pessoas trouxessem livros decadentes para trocar por bons livros russos, enquanto os livros decadentes seriam jogados numa pilha e queimados publicamente. Evidentemente, essa convocação à queima de livros foi desprezada, tanto na Rússia quanto no exterior, como um interlúdio cômico que não foi levado a sério pela própria *nomenklatura* de Putin; mas é exatamente por isso que ela funciona como indicador

A felicidade depois do 11 de Setembro • 91

Há duas lições a serem tiradas dessa constelação ideológica. A primeira, é que devemos tomar o cuidado de não atribuir ao Outro a fé ingênua de que somos incapazes, transformando-o em um "sujeito que se supõe ter fé". Nem mesmo um caso muito provável – o caso notório do "fundamentalista muçulmano" em missão suicida – é tão conclusivo quanto parece: é realmente evidente que pelo menos essas pessoas acreditam que, depois da morte, irão acordar no céu com setenta virgens à sua disposição (basta lembrar a história do militante suicida que se perfumou, para se apresentar bem para as virgens)? Mas, e se eles estivessem cheios de dúvidas terríveis quanto à própria fé e usassem o ato suicida como um meio de resolvê-las pela afirmação da própria fé: "Não sei se realmente tenho fé – mas ao me matar pela Causa vou provar *in actu* que tenho fé..."? Da mesma forma, devemos evitar a conclusão de que Alexandre Fadeyev, escritor arquisstalinista e presidente da União dos Escritores Soviéticos que se matou depois de ouvir o relatório secreto de Kruschev no XX Congresso, fosse um "crente honesto": ele provavelmente tinha plena consciência da absoluta corrupção do sistema; na verdade ele acreditava é no grande Outro, ou seja, na imagem pública do Novo Homem socialista e tudo que a acompanhava. Consequentemente, ele não se matou por ter visto algo novo no relatório de Kruschev; nenhuma de suas ilusões foi destruída – o que se quebrou foi a *sua crença na "força realizadora" da ilusão ideológica em si*.

O suicídio de Fadeyev pode ser comparado ao do prefeito alemão que, no início de 1945, quando o exército americano ocupou sua cidade e o forçou a visitar o campo de concentração

---

de um futuro potencial – foi Herbert Marcuse quem, comentando o *Dezoito Brumário*, de Marx, afirmou que, na história da emergência do fascismo, a comédia *precedeu* a tragédia, o horror último surge (é visto) inicialmente como uma comédia de opereta.

próximo, suicidou-se imediatamente depois de voltar: não porque ignorasse o que era feito em nome do regime a que servia, e que, tendo de enfrentar a verdade, matou-se por não poder suportá-la; pelo contrário, ele sabia de praticamente tudo – quem não sabia era o grande Outro, a ordem das aparências sociais, e assim seu suicídio foi o ato último de hipocrisia, de *fingir* que não sabia. Matou-se para salvar as aparências de sua honesta ignorância. (É quase como se Stalin tivesse razão ao condenar o suicídio como o ato definitivo de covardia, como a maior traição ao partido – pelo menos se aplicarmos suas palavras a esses casos.)

O mesmo se aplica ao caso famoso do "nazista honesto", o prefeito de uma pequena cidade da Alemanha Oriental que, quando os russos se aproximavam em fevereiro de 1945, envergou o uniforme de prefeito e todas as suas medalhas e saiu para a rua principal, onde foi morto pelos russos – ao contrário de muitos outros que rapidamente destruíram todos os vestígios de seu passado nazista: esse gesto, de proclamação pública de lealdade à Alemanha nazista na hora da derrota, seria realmente tão nobre? Como se não soubesse em que espécie de Estado ele vivia! Seu gesto não foi, também, uma desesperada tentativa hipócrita de atribuir uma certa nobreza a uma vida que foi – mesmo na melhor das hipóteses – cheia de compromissos com os piores criminosos?

A segunda lição: em vez de ceder o território ao inimigo já de início, temos de lutar até por noções que pareçam pertencer "naturalmente" ao inimigo. Assim, deveríamos retornar à grande tradição americana do *western*, admirada por Alain Badiou como o grande gênero da *coragem* ética. Não podemos, evidentemente, voltar à ingenuidade dos *westerns* das décadas de 1930 e 40: a ascensão do que André Bazin chamou de "*meta-westerns*" da década de 1950 roubou do gênero a sua inocência. Mas o gênero reviveu na segunda metade da década – consideremos as duas obras-primas de Delmer Daves, *3:10 to Yuma* [*Galante e sanguinário*] e *The Hanging Tree* [*A árvore dos enforcados*], ambos muito superiores ao grande "*meta-western*" que parece corporificar com mais pureza o ato de coragem, *High Noon* [*Matar ou morrer*], de Fred Zinnemann. O que os dois filmes têm em comum é a estrutura de decisão deslocada: o Ato fundamental não é executado pelo personagem central que parece ser o foco da provação ética, mas por um personagem secundário que pode até ser a própria fonte da tentação. (Há mesmo um eco dessa situação em *Matar ou morrer*: no final, torna-se claro que não é a coragem de Gary Cooper que está sendo testada, mas a de sua jovem mulher, representada por Grace Kelly.)

Galante e sanguinário conta a história de um fazendeiro pobre (Van Heflin) que, por duzentos dólares de que tem enorme necessidade para poder salvar o gado da seca, aceita a tarefa de escoltar um bandido pelo qual se oferece uma enorme recompensa (Glenn Ford) do hotel onde está preso até o trem que o levará para a prisão em Yuma. O que temos aqui, claro, é a clássica história da provação ética; ao longo do filme, tem-se a impressão de que a pessoa submetida à provação é o fazendeiro, exposto a tentações semelhantes às do (imerecidamente) mais famoso *Matar ou morrer*: todos os que prometeram ajudá-lo o abandonam quando descobrem que o hotel está cercado pelo bando que jurou resgatar seu líder; o próprio bandido preso alternadamente ameaça o fazendeiro, tenta suborná-lo e coisas do gênero. Mas a última cena altera completamente nossa percepção do filme: ao se aproximarem do trem que já está partindo, o bandido e o fazendeiro se veem cara a cara com a quadrilha esperando para matar o fazendeiro e libertar o chefe. Nesse momento de tensão, quando a situação parece perdida para o fazendeiro, o bandido lhe diz: "Confie em mim! Vamos saltar juntos para o trem!". Em resumo, quem realmente sofreu a provação foi o bandido, o aparente agente da tentação: no final ele é vencido pela integridade do fazendeiro e sacrifica a própria liberdade por ele.

E, *mutatis mutandis*, o mesmo não se aplica a todos nós hoje – todos nós, intelectuais ocidentais "progressistas" que se arvoram em juízes dos trabalhadores de nossa sociedade e das multidões do Terceiro Mundo que traíram sua vocação revolucionária e sucumbiram às tentações capitalistas ou nacionalistas? Consideremos a figura repelente do bem pago "radical de esquerda" inglês ou francês, vivendo no conforto, que condena as massas iugoslavas por sucumbirem à sereia étnica no final da década de 1980: quem estava realmente em julgamento eram esses "radicais de esquerda", que fracassaram redondamente no teste ao interpretarem erradamente a guerra pós-iugoslava. O mesmo vale ainda mais para os multiculturalistas liberais que deploram o crescimento da violência da nova direita nas sociedades ocidentais: ao adotar uma atitude arrogante e condescendente com relação aos fenômenos que condenam, eles são reprovados no teste... É verdade, os patriotas renascidos têm razão: precisamos hoje é de uma nova coragem, e é a falta dessa coragem (que é sempre a coragem de questionar a *própria* posição) que mais se evidencia na reação dos intelectuais americanos (e europeus) ao 11 de Setembro e suas consequências.

Na segunda parte de seu *Harmonienlehrer*, seu principal manifesto teórico de 1911, Arnold Schoenberg desenvolve sua oposição à música tonal em termos que, superficialmente, quase lembram traços do antissemitismo nazista: a música tonal se tornou um mundo "doentio" e "degenerado" que precisa urgentemente de uma solução de limpeza; o sistema tonal sucumbiu ao "incesto e à endogamia"; os acordes românticos, tal como a sétima reduzida são "hermafroditas", "erráticos" e "cosmopolitas"... nada mais fácil que afirmar ser essa atitude messiânico-apocalíptica parte da mesma "profunda situação espiritual" que gerou a "solução final" nazista. Mas essa é exatamente a conclusão que se deve evitar: o que torna o nazismo repulsivo não é a retórica da solução final em si, mas o traço concreto que atribui a ela. Outro tópico popular da mesma espécie de análise é o caráter presumidamente "protofascista" da coreografia de massa exibida nos movimentos disciplinados de milhares de corpos (paradas, exibições de massa nos estádios etc.); o fato de também observarmos o mesmo espetáculo no socialismo impõe a conclusão de que existe uma "solidariedade mais profunda" entre os dois "totalitarismos". Esse procedimento, o protótipo do liberalismo ideológico, passa ao largo da questão: não somente esses movimentos de massa não são inerentemente fascistas; eles não chegam sequer a ser "neutros", à espera de serem apropriados pela direita ou pela esquerda – foi o nazismo quem os roubou do movimento operário, seu local de nascimento original.

É aqui que devemos opor à genealogia historicista padrão (a busca das origens, influências etc.) a genealogia nietzschiana estrita. Com relação ao nazismo, a genealogia padrão é exemplificada pela busca de um elemento ou núcleo "protofascista" do qual se desenvolveu o nazismo (quando, em *O anel dos nibelungos*, de Wagner, Hagen busca o ouro do Reno; quando o romantismo alemão estetizou a política...), ao passo que a genealogia nietzschiana leva em conta a ruptura constitutiva de um novo evento histórico; nenhum dos elementos "protofascistas" é fascista *per se*, a única coisa que os torna "fascistas" é a articulação específica – ou, expresso nas palavras de Stephen Jay Gould, todos esses elementos são "ex-aptados" pelo fascismo. Noutras palavras, não existe o "fascismo *avant la lettre*", porque *é a letra em si (a atribuição do nome) que cria o fascismo propriamente dito do conjunto de elementos.*

Devemos também rejeitar radicalmente a noção de que a disciplina (desde o autocontrole até o treinamento físico) seja uma característica "protofascista" – devemos abandonar o próprio adjetivo "protofascista": é um caso exemplar de pseudo-conceito cuja função é bloquear a análise conceitual: quando dizemos que o espetáculo organizado de milhares de corpos (ou, digamos, a admiração de esportes que exigem grande esforço e autocontrole, como o montanhismo) é "protofascista", não estamos dizendo absolutamente nada, estamos apenas expressando uma vaga associação que disfarça a nossa ignorância. Portanto quando, décadas atrás, os filmes de *kung fu* ficaram populares (Bruce Lee etc.), não era óbvio que estávamos diante de uma autêntica ideologia operária de jovens cujo único caminho para o sucesso era o treinamento disciplinado de sua única posse, o próprio corpo? A espontaneidade e a atitude de "deixa cair", de se permitir liberdade excessiva pertencem àqueles que têm meios para tanto – os que nada têm só têm a própria disciplina. A disciplina física "má", se é que existe tal coisa, não é o treinamento coletivo, mas, pelo contrário, a corrida e o fisiculturismo como parte da economia subjetiva da realização dos potenciais internos do Eu – o que explica por que a obsessão com o próprio corpo é uma parte quase obrigatória da passagem dos ex-esquerdistas radicais à "maturidade" da política pragmática: de Jane Fonda a Joschka Fischer, o "período de latência" entre as duas fases é marcada pela atenção ao próprio corpo.

Uma bem-conhecida anedota israelense conta que Bill Clinton visitou Bibi Netanyahu: ao ver um misterioso telefone azul no escritório de Bibi, ele pergunta o que é aquilo, e Bibi diz que é uma linha direta com Ele lá no céu. Ao voltar para os EUA, o invejoso Clinton exige que seu serviço secreto lhe consiga um igual – não importa o custo. Em duas semanas o aparelho é instalado e funciona, mas a conta telefônica é exorbitante: dois milhões de dólares por uma conversa de nove minutos com Ele lá no alto. Então Clinton, furioso, chama Bibi

A felicidade depois do 11 de Setembro • 97

e se queixa: "Como você consegue pagar um telefone desses, se nem mesmo nós, que lhe damos apoio financeiro, estamos conseguindo? É assim que você gasta o nosso dinheiro?". Bibi responde calmamente: "Não é nada disso: para nós, judeus, a chamada custa a tarifa local". Interessante notar que, na versão soviética da mesma anedota, Deus é substituído pelo inferno: quando Nixon visita Brezhnev e vê o telefone especial, Brezhnev lhe explica que é uma ligação com o inferno; no final da piada, quando Nixon se queixa do preço da chamada, Brezhnev lhe explica calmamente: "Para nós, a chamada é local".

A primeira reação, quase automática, de um liberal democrata pós-moderno a essa anedota seria: hoje essa é precisamente a fonte de todo Mal – pessoas que pensam ter uma linha direta com Deus (Verdade, Justiça, Democracia ou algum outro Absoluto), e que se sentem justificadas ao denunciar os outros, seus adversários, de terem uma ligação direta com o inferno (Impérios ou Eixos do Mal); contra essa absolutização, devemos modestamente aceitar que todas as nossas posições são relativas, condicionadas por constelações históricas contingentes, de forma que ninguém tem soluções definitivas, apenas soluções pragmáticas temporárias. A falsidade dessa atitude foi denunciada por Chesterton: "Em qualquer esquina é possível encontrar um homem que afirma a frenética blasfêmia de que talvez esteja enganado. Todo dia é possível encontrar alguém que diz que é claro que sua opinião talvez não seja a correta. É claro que é a opinião correta, ou não seria sua opinião."[8] Não se percebe claramente a mesma falsidade na retórica de tantos desconstrucionistas pós-modernos? Chesterton tem toda a razão quando usa o carregado termo "blasfêmia", que aqui deve comparecer com todo o seu peso: a aparentemente modesta relativização da própria posição é a forma como aparece

---

[8] Chesterton, *Orthodoxy*, p. 37.

exatamente o seu contrário, o privilegiamento desta posição de enunciação. Compare-se a luta e a dor do fundamentalista com a serena paz do liberal democrata que, da segurança de sua posição subjetiva, despreza ironicamente todo engajamento integral, toda tomada de partido "dogmática".

Assim, estamos pregando a velha lição de como o significado ideológico de um elemento não está no próprio elemento, mas na forma como ele é "apropriado", como é articulado numa cadeia? É verdade – com uma condição fatal: a de que devemos reunir a coragem de abandonar a "democracia" como o Significante-Mestre dessa corrente. A democracia é hoje o principal fetiche político, a rejeição dos antagonismos sociais básicos: na situação eleitoral, a hierarquia social é momentaneamente suspensa, o corpo social é reduzido a uma multidão pura passível de ser contada, e aqui também o antagonismo é suspenso. Há uma década, durante as eleições para governador do Estado da Luisiana, quando a única alternativa ao ex-KKK David Duke era um democrata corrupto, muitos carros exibiam o adesivo: "Vote no ladrão – é importante!". Nas eleições presidenciais de 2002 na França, o líder da Frente Nacional, Jean-Marie le Pen, chegou ao segundo turno contra o candidato à reeleição Jacques Chirac, que era suspeito de improbidade financeira. Diante da escolha pouco invejável, muitos exibiam uma faixa em que se lia: "L'arnaque plutôt que la haine" [Antes o roubo que o ódio]. Esse é o grande paradoxo da democracia: dentro da ordem política existente, toda campanha contra a corrupção termina cooptada pela extrema direita populista. Na Itália, o resultado último da campanha das "mãos limpas" que destruiu o velho *establishment* político baseado na Democracia Cristã foi a chegada de Berlusconi ao poder; na Áustria, Heider legitimou sua subida ao poder em termos de combate à corrupção; até mesmo nos EUA é verdade aceita que os congressistas democratas são mais corruptos que os republicanos. A ideia de uma "democracia honesta" é uma ilusão, assim como a noção da ordem do Direito sem o suplemento de seu supereu obsceno: o que parece uma distorção contingente do projeto democrático está inscrito na noção em si – ou seja, a democracia *é démocrassouille*. A ordem política democrática é por sua própria natureza suscetível à corrupção. A escolha última é: aceitamos e endossamos essa corrupção com um espírito de sabedoria resignada e realista, ou reunimos a coragem para formular uma alternativa de esquerda à democracia para quebrar esse círculo vicioso de corrupção democrática e a campanha direitista para se livrar dela?[9]

Onde, então, procurar uma alternativa? Neste caso devemos proceder com extrema cautela e ao mesmo tempo sem nenhum preconceito – por que não se poderia ver potencial emancipatório numa noção aparentemente tão "reacionária" como a identidade russa? Talvez a peculiaridade das palavras seja nosso guia nessa questão: geralmente, em russo, existem duas palavras para representar (o que parece a nós, ocidentais) o mesmo termo – um que designa seu significado comum, outro para um uso "absoluto" mais eticamente carregado. Existe a palavra *istina,* a noção comum de verdade como ajustamento aos fatos; e (geralmente com inicial maiúscula) *Pravda*, a Verdade absoluta, que também designa o ideal eticamente comprometido da Or-

---

[9] Essa limitação intrínseca da democracia também explica o poder único de fascinação exercido pela figura de Salvador Allende: na medida em que tentou combinar socialismo com "democracia pluralista", seu verdadeiro papel não é o de um modelo a ser seguido, mas (independentemente de suas intenções subjetivas) o de um herói negativo cuja tarefa era demonstrar, por meio de sua própria derrota (morte trágica em 1973), a impossibilidade de socialismo sem violência, pela via parlamentarista "suave". Ou seja, é preciso que fique claro: nós (velhos bastante para ser seus contemporâneos) sabíamos todos que seu projeto estava condenado, e apenas esperávamos que ele viesse a cair, chegando mesmo a desejar a sua morte.

dem do Bem. Há *svoboda*, a liberdade comum de fazer o que quisermos dentro da ordem social existente; e *volja*, o impulso absoluto, mais metafisicamente carregado, de seguir a própria vontade até chegar à própria autodestruição – ou, como os russos gostam de dizer, "no Ocidente existe a *svoboda*, mas nós temos a *volja*". Existe *gosudarstvo*, o Estado nos seus aspectos administrativos comuns, e *derzhava*, o Estado como agência única do Poder absoluto. (Aplicando a conhecida distinção de Benjamin–Schmitt, eu diria que a diferença entre *gosudarstvo* e *derzhava* é a que existe entre o poder constituído e o constituinte: *gosudarstvo* é a máquina administrativa do Estado correndo dentro do prescrito pelos regulamentos legais, ao passo que *derzhava* é o agente do Poder incondicional.) Há os *intellectuals*, pessoas educadas, e a *intelligentsia*, intelectuais dedicados a uma missão especial de reforma da sociedade.[10] (Dentro da mesma lógica, já existe em Marx a distinção implícita entre "classe operária" – uma categoria simples de Ser social – e "proletariado" – uma categoria de Verdade, o Sujeito revolucionário propriamente dito.)

Em última análise, não seria essa oposição a mesma, elaborada por Alain Badiou, que existe entre Evento e a positividade do simples Ser? *Istina* é a simples verdade factual (correspondência, adequação), ao passo que *Pravda* designa o Evento autorrelacionado da verdade; *svoboda* é a simples liberdade de escolha, ao passo que *volja* é o resoluto Evento da liberdade... Em russo, essa diferença está gravada diretamente, aparece como tal e dessa forma revela o risco radical envolvido em todo Evento-Verdade: não existe garantia ontológica de que *Pravda* poderá se afirmar

---

[10] Essas distinções são contrabalançadas por importantes condensações, significados múltiplos de termos; por exemplo, a palavra russa que significa paz, *mir*, também significa "mundo, universo" e o universo fechado da comunidade rural pré-moderna, com a ideia subjacente de que todo o cosmos é um Todo harmônico, como uma aldeia rural bem regulada.

no plano dos fatos (coberto pela *istina*). E, mais uma vez, parece que a consciência dessa diferença está gravada na língua russa, na expressão única *awos* ou *na awos*, que significa algo como "que a sorte nos sorria"; ela articula a esperança de que as coisas acabarão bem quando alguém fizer um gesto arriscado sem conseguir avaliar todas as consequências – algo como a frase de Napoleão, *"on attaque, puis on verra"*, sempre citada por Lenin. A característica interessante dessa expressão é ela combinar voluntarismo, uma atitude ativa de assumir riscos, com um fatalismo mais fundamental: a pessoa age, dá um salto no escuro e espera que as coisas terminem bem... E se essa atitude for exatamente a necessária hoje, quando estamos divididos entre o pragmatismo utilitário ocidental e o fatalismo oriental como as duas faces da atual "ideologia espontânea" global?

O político populista de direita holandês Pim Fortuyn, morto no início de maio de 2002, duas semanas antes das eleições em que se esperava que ele recebesse um quinto dos votos, era uma figura sintomática paradoxal: um populista de direita cujas características pessoais e (grande parte das) opiniões eram quase todas politicamente corretas: era *gay*, tinha boas relações pessoais com muitos imigrantes, um senso inato para a ironia, e assim por diante – em resumo, era um bom liberal, tolerante com relação a tudo, menos a sua atitude política básica. O que ele corporificava era então a interseção entre o populismo de direita e a correção política liberal – talvez tivesse de morrer por ser a prova viva de que a oposição entre o populismo de direita e a tolerância liberal era falsa, que estamos tratando com os dois lados da mesma moeda. Não deveríamos, portanto, tentar ser o oposto exato do infeliz Fortuyn: não um fascista com rosto humano, mas um lutador pela liberdade com face desumana?

4

DE *HOMO OTARIUS* A *HOMO SACER*

O fogo com que brinca o Ocidente nessa "guerra ao terrorismo" foi, mais uma vez, claramente percebido por Chesterton que, nas últimas páginas de *Orthodoxy*, a peça definitiva da propaganda católica, demonstrou o beco sem saída básico em que se colocam os críticos pseudo-revolucionários da religião: começam denunciando a religião como a força de opressão que ameaça a liberdade humana; mas, para lutar contra a religião, obrigam-se a abrir mão da liberdade em si, sacrificando assim exatamente o que queriam defender – a grande vítima da rejeição prática e teórica da religião não é a religião (que continua imperturbável sua vida), mas a própria liberdade, que dizem ser ameaçada por aquela. O universo radical ateísta, privado da referência religiosa, é o universo cinzento do terror e tirania igualitários:

> Homens que começam lutando contra a Igreja em nome da liberdade e humanidade acabam por abrir mão da liberdade e da humanidade para poder lutar contra a Igreja. ... Conheço um homem que tem tamanha paixão por provar que não terá existência pessoal depois da morte que acaba caindo na posição de não ter existência pessoal agora. ... Já conheci pessoas que demonstraram não poder haver julgamento divino demonstrando que não pode haver julgamento humano. ... Não admiramos, e mal desculpamos, o fanático que destrói o mundo em nome do

amor ao próximo. Mas o que vamos dizer do fanático que destrói este mundo em nome do ódio ao próximo? Ele sacrifica a própria existência da humanidade em nome da não existência de Deus. Oferece suas vítimas não no altar, mas apenas para afirmar a futilidade do altar e o vazio do trono. ... Com suas dúvidas orientais sobre a personalidade, eles não garantem que não seja possível a vida pessoal no além; só garantem que não teremos uma vida alegre e completa aqui. ... Os secularistas não destruíram as coisas divinas; mas destruíram as coisas seculares, se isso lhes dá algum conforto.[1]

A primeira coisa a acrescentar hoje a esta passagem é que o mesmo vale para os advogados da religião: quantos defensores fanáticos da religião começaram pelo ataque feroz à cultura secular e terminaram por abandonar a própria religião (perdendo toda experiência religiosa significativa)? E não é verdade que, de forma exatamente homóloga, os guerreiros liberais ficam tão ávidos para lutar contra o fundamentalismo antidemocrático que terminam por eliminar a liberdade e a democracia, se isto for necessário para lutar contra o terrorismo? Têm tamanha paixão por demonstrar que o fundamentalismo não cristão é a maior ameaça à liberdade que estão prontos a recair na posição de que é preciso limitar nossa própria liberdade aqui e agora, nas nossas sociedades supostamente cristãs. Se os "terroristas" estão prontos a destruir este mundo por amor ao próximo, nossos guerreiros contra o terrorismo estão prontos a destruir seu próprio mundo democrático por ódio ao outro muçulmano. Alter e Dershowitz amam tanto a dignidade humana que estão prontos a legalizar a tortura – a degradação última da dignidade humana – para defendê-la.

E o mesmo não se aplica ao desprezo pós-moderno pelas grandes causas ideológicas – pela noção de que, em nossa era

---

[1] Chesterton, *Orthodoxy*, p. 146-7.

pós-ideológica, em vez de tentar mudar o mundo, deveríamos reinventar a nós mesmos, todo o nosso universo, engajando--nos em novas formas (sexuais, espirituais, estéticas...) de práticas subjetivas? Como disse Hanif Kureishi numa entrevista sobre seu livro *Intimidade*: "Há vinte anos, política era tentar fazer uma revolução e mudar a sociedade, mas agora a política se reduz a dois corpos, que são capazes de recriar todo o mundo fazendo amor num porão". Confrontados com uma afirmação como essa, só podemos recordar a velha lição da Teoria Crítica: quando tentamos preservar a autêntica esfera íntima de privacidade contra o ataque das transações públicas "alienadas" instrumentais e objetificadas, é a própria privacidade que se torna uma esfera completamente objetificada e "mercadizada". Fuga para a privacidade hoje significa adotar as fórmulas de autenticidade privada propagadas pela indústria cultural recente – desde as lições sobre o iluminamento espiritual, a última mania cultural e outras modas, até as atividades físicas da corrida e do fisiculturismo. A verdade última do retiro na privacidade é a confissão pública de segredos íntimos num programa de TV – contra essa espécie de privacidade, devemos enfatizar que hoje a única forma de romper as restrições da mercadização alienada é inventar uma nova coletividade. Hoje, mais do que nunca, a lição dos romances de Marguerite Duras é relevante: o meio – o *único* meio – de se ter uma relação pessoal (sexual) intensa e satisfatória não é o casal olhar nos olhos um do outro, esquecido do mundo em volta, mas, ainda de mãos dadas, olharem os dois juntos para fora, para um terceiro ponto (a Causa pela qual os dois lutam, em que os dois estão engajados).

O resultado último da subjetivização global não é o desaparecimento da "realidade objetiva", mas o desaparecimento de nossa própria subjetividade, que se transforma num capricho fútil, enquanto a realidade social continua seu curso. Aqui, fico tentado a parafrasear a famosa resposta do interrogador a Winston Smith, que duvida da existência do Big Brother ("É você quem não existe!"): a resposta correta às dúvidas pós-modernas acerca da existência do grande Outro é que é o próprio sujeito que não existe... É natural, portanto, que nossa era – cuja postura básica é mais bem encapsulada no título do grande sucesso de Phillip McGraw, *Self Matters*, que ensina a "criar sua vida de dentro para fora" – encontra seu suplemento lógico em livros de títulos semelhantes a *Como desaparecer completamente*: manuais que ensinam a apagar todos os traços da existência anterior para se "reinventar" completamente.[2] É aqui que se encontra a diferença entre o Zen propriamente dito e sua versão ocidental: a verdadeira grandeza do Zen é ser ele irredutível a uma "viagem interior" ao "verdadeiro Eu" de alguém: o objetivo da meditação Zen é, pelo contrário, o completo esvaziamento do Eu, a aceitação de que não existe Eu, nenhuma "verdade interior" a ser descoberta. É por isso que os autênticos mestres do Zen estão corretos ao interpretar a mensagem básica do Zen (a libertação está na perda do Eu, na união imediata com o Vazio primordial) como idêntica à completa fidelidade militar, à completa obediência às ordens e cumprimento do dever sem concessões ao Eu e seus interesses – ou seja, na afirmação de que o clichê antimilitarista padrão, de que os soldados devam ser treinados para chegar ao estigma da

---

2   Ver *How to Disappear Completely and Never Be Found*, de Doug Richmond, Secausus, A Citadel Press Book, 1999. Esse livro pertence a uma série de manuais de autoajuda que, efetivamente, constituem uma caricatura obscena dos manuais "oficiais" como os de Dale Carnegie: livros que tratam diretamente de nossos desejos publicamente inaceitáveis – outros títulos da série: *Cheaters Always Prosper* [*Vigaristas sempre ganham*], *Advanced Backstabbing and Mudslinging Techniques* [*Técnicas avançadas de como apunhalar pelas costas e atirar lama*], *Revenge Tactics* [*Táticas de vingança*], *Spying on your Spouse* [*Como espionar o cônjuge*], e muitos outros.

subordinação incondicional e obedecer às ordens como títeres cegos, é idêntica ao Iluminamento Zen. É assim que Ishihara Shummyo explicou essa questão, em termos quase althusserianos, como um ato de interpelação que alcança diretamente o assunto, contornando a dúvida ou questionamento histérico:

> O Zen é muito meticuloso com relação à necessidade de não interromper a própria mente. Tão logo se bate a pedra, a fagulha salta. Não há lapso de tempo entre os dois eventos. Ao receber a ordem de olhar à direita, o sujeito olha à direita, rápido como o raio... Se o nome de alguém é chamado, por exemplo, "Uemmon", deve-se responder "Presente" sem parar para entender a razão por que seu nome foi chamado... Creio que quando se é convocado a morrer, não se deve manifestar a menor agitação.[3]

Longe de denunciar essa postura como uma perversão monstruosa, devemos perceber nela uma indicação de como o Zen autêntico difere de sua apropriação ocidental, que o insere na matriz da "descoberta do verdadeiro Eu". A lógica de uma "viagem interior", levada ao extremo, nos coloca diante do vazio da subjetividade e assim obriga o sujeito a assumir sua completa dessubjetivização; a paradoxal conclusão pascaliana dessa versão radical do Zen é a de que, como não existe a substância interior da religião, a essência da fé é o decoro propriamente dito, a obediência ao ritual em si. O que o budismo ocidental não está pronto a aceitar é ser o próprio Eu a vítima última da "viagem ao Eu".

De forma mais geral, não é essa mesma a lição de Adorno e Horkheimer em *Dialética do esclarecimento*? As principais vítimas do positivismo não são confusas noções metafísicas, mas os próprios fatos; a busca radical da secularização, o desvio em direção à própria vida mundana, transforma a vida em si num processo "abstrato" anêmico – e essa reversão paradoxal

---

3 Citado de *Zen at War*, de Brian A. Victoria, Nova Iorque, Weatherhilt, 1998, p. 103.

108 • Bem-vindo ao deserto do Real!

está evidente na obra de Sade, onde a afirmação irrestrita da sexualidade esvaziada dos últimos vestígios de transcendência espiritual transforma a própria sexualidade num exercício mecânico desprovido da autêntica paixão sensual. E não se percebe claramente a mesma reversão no impasse dos "Últimos Homens", indivíduos "pós-modernos" que rejeitam como terroristas todos os objetivos "mais altos" e dedicam a própria vida a sobreviver, a uma vida cheia de prazeres menores cada vez mais refinados e artificialmente excitados? Na medida em que "morte" e "vida" designam para São Paulo duas posições existenciais (subjetivas), e não fatos "objetivos", é justificável que se faça a pergunta paulina: "Quem está realmente vivo hoje?".[4]

E se somente estivermos realmente vivos se nos comprometermos com uma intensidade excessiva que nos coloca além de uma "vida nua"? E se, ao nos concentrarmos na simples sobrevivência, mesmo quando é qualificada como "uma boa vida", o que realmente perdemos na vida for a própria vida? E se o terrorista suicida palestino a ponto de explodir a si mesmo e aos outros estiver, num sentido enfático, "mais vivo" que o soldado americano engajado numa guerra diante da tela de um computador contra um inimigo que está a centenas de quilômetros de distância ou um *yuppie* nova-iorquino que corre nas margens do Hudson para manter o corpo em forma? E se, em termos psicanalíticos, um histérico estiver verdadeiramente vivo no questionamento permanente e excessivo da própria existência, quando uma obsessão é o verdadeiro modelo da escolha da "vida na morte"? Ou seja, não seria o objetivo último de seus rituais compulsivos evitar que a "coisa" aconteça – coisa esta que é o excesso de vida? Não seria a catástrofe que ele teme o fato de, finalmente, *alguma coisa realmente acontecer* a ele? E se,

---

4   Devo esta observação a Alain Badiou (intervenção no Simpósio *Paulo e a Modernidade*, UCLA, 14-16 de abril de 2002).

em termos de processo revolucionário, a diferença que separa a era de Lenin da de Stalin for, mais uma vez, a diferença entre a vida e a morte? Existe uma característica aparentemente marginal que esclarece bem essa questão: a atitude básica do comunista stalinista é a de seguir a correta linha do partido contra os desvios à "esquerda" ou à "direita" – isto é, seguir o seguro caminho do meio; quanto ao leninismo autêntico, em nítido contraste, só existe um único desvio, o de centro – o de "não correr riscos", de evitar oportunisticamente o risco de clara e excessivamente "escolher um lado". Por exemplo, nenhuma "necessidade histórica profunda" determinou a passagem da política soviética de um "comunismo de guerra" para a "Nova Política Econômica" em 1921 – foi apenas um desesperado ziguezague estratégico entre a linha esquerdista e a direitista, ou, como explicou o próprio Lenin em 1922, os bolcheviques cometeram "todos os erros possíveis". Essa excessiva "escolha de lados", o desequilíbrio ziguezagueante permanente, é, em última análise, a própria vida (política revolucionária) – para um leninista, o nome definitivo da direita contrarrevolucionária é o próprio "centro", o medo de introduzir um desequilíbrio radical no edifício social.

É assim um paradoxo nietzschiano o fato de o grande perdedor nessa aparente afirmação da Vida contra todas as Causas transcendentes ser a própria vida. O que torna a vida "digna de ser vivida" é o próprio excesso de vida: a consciência da existência de algo pelo que alguém se dispõe a arriscar a vida (podemos chamar esse excesso de "liberdade", "honra", "dignidade", "autonomia" etc.). Somente quando prontos a assumir esse risco estamos realmente vivos. Chesterton discute essa questão com relação ao paradoxo da coragem:

> Um soldado cercado de inimigos, se tiver de abrir caminho, precisa combinar um forte desejo de viver com uma estranha despreocupação com a morte. Ele não tem apenas de se agarrar à vida,

110 • Bem-vindo ao deserto do Real!

pois nesse caso será covarde, e não conseguirá fugir. Ele não pode somente esperar a morte, pois então será um suicida e também não vai conseguir fugir. Ele terá de buscar a vida com um espírito de furiosa indiferença a ela; terá de desejar a vida como se fosse água e ser capaz de beber a morte como se fosse vinho.[5]

A postura sobrevivencialista "pós-metafísica" dos Últimos Homens termina num espetáculo anêmico da vida a se arrastar como sombra de si mesma. É nesse horizonte que devemos entender a crescente rejeição da pena de morte: devemos ser capazes de discernir a "biopolítica" oculta que sustenta essa rejeição. Os que afirmam o "valor sagrado da vida", defendendo-a contra a ameaça de poderes transcendentes que a parasitam, acabam num "mundo supervisionado em que vivemos sem dor, em segurança – e tediosamente",[6] um mundo em que, em nome de seu objetivo oficial – uma vida longa e prazerosa –, todos os prazeres reais são proibidos ou estritamente controlados (fumo, drogas, comida...). *O resgate do soldado Ryan*, de Spielberg, é o exemplo mais recente dessa atitude sobrevivencialista com relação à morte, com a apresentação "desmistificadora" da guerra como uma matança sem sentido que nada pode justificar – e, assim, o filme oferece a melhor justificativa para a doutrina militar de "Zero baixa do nosso lado" de Colin Powell. Aqui, não estamos confundindo a versão fundamentalista cristã e abertamente racista de "defesa do Ocidente" e a versão liberal tolerante da "guerra contra o terrorismo", que se propõe a salvar os próprios maometanos da ameaça fundamentalista: por mais importante que seja a diferença entre elas, as duas estão envoltas na mesma dialética autodestrutiva.

E é contra o pano de fundo dessa alteração subjacente da "biopolítica" que devemos interpretar a série recente de decla-

---

5 Chesterton, *Orthodoxy*, p. 9.
6 Christopher Hitchens, "We Know Best", *Vanity Fair*, maio de 2001, p. 34.

De *Homo otarius* a *Homo sacer* • 111

rações políticas que só podem ser vistas como lapsos freudianos. Ao ser perguntado pelos jornalistas sobre os objetivos dos bombardeios americanos no Afeganistão, Donald Rumsfeld respondeu simplesmente: "Matar o maior número possível de soldados talibãs e membros da Al-Qaeda". A declaração não é tão autoevidente quanto parece: o objetivo normal de qualquer operação militar é ganhar a guerra, forçar o inimigo a capitular, e até a destruição em massa pode ser considerada um meio para esse fim... O problema da declaração grosseira de Rumsfeld, bem como com outros fenômenos semelhantes, como a condição incerta dos prisioneiros afegãos na Baía de Guantánamo, é o fato de parecerem apontar diretamente para a distinção de Agamben entre o cidadão total e o *Homo sacer* que, apesar de um ser humano vivo, não é parte da comunidade política. Essa é a condição de John Walker, o talibã americano: deve ficar preso numa cadeia americana ou seu lugar é entre os prisioneiros talibãs? Foram considerados por Donald Rumsfeld como "combatentes ilegais" (por oposição a prisioneiros "normais" de guerra), mas isso não quer dizer que se tornaram ilegais por causa de sua atividade terrorista criminosa: quando comete um crime grave, assassinato, por exemplo, um cidadão americano continua sendo um "criminoso legal"; a distinção entre criminosos e não criminosos nada tem em comum com a distinção entre cidadãos "legais" e os que na França são chamados de *sans-papiers*. Os excluídos são não apenas os terroristas, mas também os que se colocam na ponta receptora da ajuda humanitária (ruandeses, bósnios, afegãos...): o *Homo sacer* de hoje é o objeto privilegiado da biopolítica humanitária: o que é privado da humanidade completa por ser sustentado com desprezo. Devemos assim reconhecer o paradoxo de serem os campos de concentração e os de refugiados que recebem ajuda humanitária as duas faces, "humana" e "desumana", da mesma matriz formal sociológica. Nos dois casos, vale a anedota cruel de *Ser ou não ser*, de Lubitsch: à pergunta sobre o campo de concentração alemão na Polônia ocupada, o "Campo de Concentração Erhardt", a resposta é pronta: "Nós concentramos e os poloneses acampam".[7] Nos dois casos, a população é reduzida a objeto da biopolítica. Portanto, não basta enumerar os exemplos atuais do *Homo sacer*: os *sans papiers* na França, os habitantes das favelas no Brasil e a população dos guetos afro-americanos nos EUA etc. É absolutamente crítico completar essa lista com o lado humanitário: talvez os que são vistos como recipientes da ajuda humanitária sejam as figuras modernas do *Homo sacer*.

A prova última dessa lógica do *Homo sacer* ocorreu quando, nos primeiros dias de março de 2002, os restos das forças do Talibã e da Al-Qaeda surpreenderam os americanos e seus aliados com uma defesa feroz, forçando-os a recuar temporariamente, e, por terem abatido um helicóptero americano, violando assim o princípio sagrado da guerra sem baixas. O que foi verdadeiramente estranho nos relatos desses acontecimentos na mídia americana foi o fato de ela se surpreender com o fato de o Talibã estar lutando, como se a prova definitiva de serem eles verdadeiros terroristas criminosos (combatentes ilegais) fosse o fato de responderem tiro com tiro... A mesma dificuldade é claramente discernível nos relatos que chegam da

---

[7] E o mesmo não se aplica à falência da Enron em janeiro de 2002, que pode ser interpretada como um comentário irônico sobre a ideia de sociedade de risco? Milhares de empregados que perderam o emprego e as economias estavam certamente expostos a riscos, mas não tinham, de fato, escolha: o risco apareceu para eles como o destino cego. Pelo contrário, os que tinham a informação de cocheira sobre os riscos, bem como a chance de intervir na situação (a alta administração), minimizaram seu próprio risco quando se desfizeram de suas ações antes da falência – e assim os riscos e escolhas reais foram muito bem distribuídos... Portanto, com relação à ideia de que vivemos numa sociedade de escolhas arriscadas, podemos afirmar que alguns (os diretores da Enron) fazem as escolhas, ao passo que outros (os empregados comuns) correm os riscos.

De *Homo otarius* a *Homo sacer* • 113

Margem Ocidental ocupada: quando o exército israelense, no que Israel chama de operação de guerra, ataca a força policial palestina e destrói sistematicamente a infraestrutura palestina, a resistência encontrada é apresentada como prova de que estamos enfrentando terroristas. Esse paradoxo está inserido na própria noção de "guerra ao terrorismo" – uma guerra estranha em que o inimigo é considerado criminoso mesmo que se limite a se defender e responda ao fogo com fogo. Surge então uma nova entidade que nem é o soldado inimigo nem o criminoso comum: os terroristas da Al-Qaeda não são soldados inimigos, são "combatentes ilegais"; mas também não são criminosos comuns – os EUA se opuseram absolutamente à noção de os ataques ao WTC serem considerados atos criminosos apolíticos. Ou seja, o que está surgindo como o terrorista contra quem se declara guerra é exatamente a figura do Inimigo político, excluído do espaço político propriamente dito.

Essa é outra faceta da nova ordem global: já não temos guerras no sentido antigo de um conflito regulado entre Estados soberanos em que se aplicam certas regras (tratamento dos prisioneiros, proibição de certas armas etc.). O que sobra são dois tipos de conflito: ou as lutas entre grupos de *Homo sacer* – "conflitos étnico-religiosos" que violam as regras dos direitos humanos universais não são considerados guerras propriamente ditas e exigem a presença da intervenção "pacifista humanitária" das potências ocidentais – ou ataques diretos contra os EUA ou outro representante da nova ordem global, e nesse caso, mais uma vez, não existe uma guerra propriamente dita, apenas "combatentes ilegais" que criminosamente resistem às forças da ordem universal. Nesse segundo caso, não se pode nem imaginar uma organização humanitária neutra como a Cruz Vermelha mediando as partes em guerra, organizando a troca de prisioneiros, e assim por diante: um dos lados do conflito (a força global dominada pelos EUA) já assume o papel da Cruz

Vermelha – vê-se não como uma das partes em guerra, mas como o agente mediador da paz e da ordem global que esmaga certas rebeliões e, simultaneamente, oferece ajuda humanitária às "populações locais". A principal imagem do tratamento das "populações locais" como *Homo sacer* talvez seja a do avião de guerra voando sobre o Afeganistão: nunca se sabe se ele vai lançar bombas ou pacotes de alimentos.

A estranha "coincidência de opostos" atingiu o máximo quando, em abril de 2002, Harald Nasvik, membro direitista do parlamento da Noruega, propôs George W. Bush e Tony Blair como candidatos ao Prêmio Nobel da Paz, citando o papel decisivo dos dois na "guerra contra o terrorismo" como a maior contribuição à paz nos nossos dias – o velho lema orwelliano "Guerra é Paz" finalmente se torna realidade. Talvez a maior ironia da situação seja o fato de o maior "dano colateral" para o Ocidente ser o sofrimento dos refugiados afegãos e, de modo geral, a situação catastrófica dos alimentos e da saúde no Afeganistão; assim, a ação militar contra o Talibã é algumas vezes apresentada quase como um meio de assegurar a entrega segura da ajuda humanitária. Deixa de existir assim a oposição entre guerra e ajuda humanitária: as duas são intimamente ligadas; a mesma intervenção funciona simultaneamente nos dois planos: a derrubada do regime talibã é apresentada como parte de uma estratégia para ajudar o povo afegão oprimido pelo Talibã: como disse Tony Blair, talvez seja necessário bombardear o Talibã para assegurar o transporte e a distribuição de alimentos.[8]

---

[8] Devemos aqui analisar a oposição entre a Nova Ordem Mundial e seu Inimigo fundamentalista de acordo com as linhas da famosa análise de Hegel da oposição entre o Iluminismo e a fé em *A fenomenologia do espírito,* onde ele demonstra a cumplicidade, ou mesmo identidade, oculta dos dois – ou seja, como os dois polos não somente se apoiam, mas também como cada um reproduz a estrutura do outro. Hoje, a Nova

De *Homo otarius* a *Homo sacer* • 115

Estaremos então assistindo ao renascimento da velha distinção entre *direitos humanos* e *direitos do cidadão*? Existem os direitos de todos os membros da humanidade (a serem respeitados mesmo no caso do *Homo sacer*) e os direitos mais estreitos dos cidadãos (cuja condição é legalmente regulada)? Mas, e se chegarmos a uma conclusão mais radical? E se o problema não for a condição frágil dos excluídos, mas, pelo contrário, o fato de, no nível mais elementar, sermos *todos* "excluídos" no sentido de nossa posição "zero" mais elementar ser a de um objeto da biopolítica, e de alguns possíveis direitos políticos e de cidadania nos serem dados como um gesto secundário, de acordo com considerações biopolíticas estratégicas? E se essa for a principal consequência da noção de "pós-política"? O problema com o uso da noção de *Homo sacer* proposta por Agamben é o fato de ela estar inscrita na linha da "dialética do Esclarecimento" de Adorno e Horkheimer, ou do poder disciplinador e do biopoder de Michel Foucault: os tópicos dos direitos humanos, democracia, domínio do direito e outros se reduzem em última análise a uma máscara enganosa para os mecanismos disciplinadores do "biopoder", cuja expressão última é o campo de concentração do século XX. A escolha subjacente aqui parece ser entre Adorno e Habermas: seria o projeto moderno de liberdade (política) uma falsa aparência cuja "verdade" é corporificada por sujeitos que perderam até o último vestígio de autonomia por estarem imersos no "mundo administrado" do capitalismo recente, ou os fenômenos "totalitários" seriam meras testemunhas do fato de que o projeto político da modernidade continua inacabado? Mas será verdade que essa escolha entre uma análise histórico-política

---

Ordem Mundial se apresenta como o universo tolerante das diferenças, da coexistência de culturas particulares; ao passo que o Inimigo é retratado como o Um exclusivo fanático e intolerante.

"pessimista" – que aponta para o fechamento final (a sociedade de hoje vista como aquela em que a própria distância entre a vida política e a vida nua está desaparecendo, e na qual o controle e administração da "vida nua" são afirmados diretamente como a essência mesma da política) – e uma abordagem mais "otimista" – que percebe os fenômenos "totalitários" como "desvios" contingentes do projeto iluminista, como o ponto sintomal em que surge a "verdade" do segundo – cobre, de fato, todo o campo?

A noção "totalitária" de um "mundo administrado", em que a experiência mesma da liberdade subjetiva seja a forma como surge a sujeição a mecanismos disciplinadores, é na verdade o verso fantasmático obsceno da ideologia (e prática) pública "oficial" da autonomia individual e da liberdade: a primeira tem de acompanhar a segunda, suplementando-a como sua cópia obscena e nebulosa, de uma forma que traz à memória a imagem central do filme *Matrix*, dos irmãos Wachowski: milhões de *seres* humanos a viver uma vida claustrofóbica em espaços cheios de água, mantidos vivos para gerar a energia (elétrica) para a Matriz. Assim, quando algumas pessoas "despertam" da imersão na realidade virtual controlada pela Matriz, esse despertar não é uma abertura para o espaço aberto da realidade externa, mas, inicialmente, a horrível percepção dessa prisão, onde cada um de nós é efetivamente apenas um organismo fetal imerso em fluido amniótico.

A completa passividade é a fantasia proibida que mantém nossa experiência consciente como sujeitos ativos e autodefinidores – é a perversa fantasia definitiva: a noção de que, no mais íntimo de nosso ser, somos instrumentos da *jouissance* do Outro (Matriz), esvaziados da substância da vida como baterias. Esse é o enigma desse mecanismo: por que a Matriz precisa da energia humana? A solução puramente energética não tem, evidentemente, significado: a Matriz poderia facilmente ter encontrado outra fonte mais confiável de energia, que não exigisse as disposições extremamente complexas da realidade virtual coordenada para milhões de unidades humanas. A única resposta coerente é: a Matriz se alimenta da *jouissance* humana – e aqui retornamos à tese lacaniana fundamental segundo a qual o próprio grande Outro, longe de ser uma máquina anônima, exige o influxo constante de *jouissance*. É assim que deveremos inverter o estado de coisas apresentado por *Matrix*: o que o filme apresenta como a cena do despertar para a nossa verdadeira situação é, de fato, seu oposto exato, a fantasia fundamental que sustenta nosso ser.

Em "Le prix du progrès", um dos fragmentos que concluem *Dialética do Esclarecimento*, Adorno e Horkheimer citam os argumentos do fisiologista francês do século XIX Pierre Flourens contra a anestesia médica com clorofórmio: Flourens alegava ser possível provar que o anestésico opera somente na rede neuronal de nossa memória. Ou seja, enquanto estamos sendo retalhados vivos na mesa de operação, sentimos totalmente a dor, mas depois, quando acordamos, já não nos lembramos dela... Para Adorno e Horkheimer, é claro, esta é a metáfora perfeita para o destino da Razão baseada na repressão da natureza em si: o corpo, a parte da natureza no sujeito, sente toda a dor; acontece que, devido à repressão, o sujeito não se lembra dela. Essa é a vingança perfeita da natureza pela dominação que lhe impomos: sem saber, somos as maiores vítimas, retalhando-nos vivos... Não poderíamos ler a mesma coisa como o cenário fantástico perfeito de interpassividade, da Outra Cena em que pagamos o preço de nossa intervenção ativa no mundo? Não existe nenhum agente livre sem esse apoio fantasmático, sem essa Outra Cena em que ele é totalmente manipulado pelo Outro. Talvez a necessidade caricatural de uma alta administração que decida diariamente o destino de milhares de empregados comuns, de se refugiar na brincadeira de escravo e dominadora no espetáculo sadomasoquista tenha uma base mais profunda do que imaginamos.

À análise de Agamben não se pode negar o caráter radical de questionar a noção mesma de democracia; ou seja: a noção de *Homo sacer* não pode ser diluída como elemento de algum projeto radical-democrático cujo objetivo seja renegociar e redefinir os limites da inclusão e da exclusão, de forma que o campo simbólico seja cada vez mais aberto às vozes daqueles que foram excluídos pela configuração hegemônica do discurso público. É essa a essência da leitura de Judith Butler de *Antígona*: "O limite que ela defende, o limite para o qual não é possível defesa nem representação traduzível, é ... o vestígio de uma legalidade alternativa que assombra a esfera pública consciente como seu futuro escandaloso."[9] Antígona formula sua alegação em nome daqueles que, tal como os *sans-papiers* na França de hoje, não têm um *status* socioontológico completo e definido, e ela mesma se refere aqui ao *Homo sacer* de Agamben.[10] É por isso que não devemos marcar a posição da qual (em nome da qual) Antígona fala, nem o objeto de sua alegação: apesar da ênfase na posição única de seu irmão, esse objeto é mais ambíguo do que parece (o próprio Édipo não é também seu (meio-) irmão?); sua posição não é apenas feminina, pois ela entra no domínio masculino das questões públicas – ao se dirigir a Creonte, chefe de Estado, ela fala como ele, apropriando-se de sua autoridade de uma forma deslocada e perversa; nem ela fala em nome da relação de família, como alega Hegel, pois sua própria família representa a corrupção última (incesto) da ordem familiar. Portanto, sua alegação desloca os contornos fundamentais da Lei, o que a Lei exclui e inclui.

---

[9] Judith Butler, *Antigona's Claim*, Nova Iorque, Columbia University Press, 2000, p. 40.

[10] Ibidem, p. 81.

De *Homo otarius* a *Homo sacer* • 119

Butler desenvolve sua leitura em contraste com dois grandes adversários – não somente Hegel, mas também Lacan. Para Hegel, o conflito é entendido como interno à ordem sociossimbólica, como o rompimento trágico da substância ética: Creonte e Antígona representam seus dois componentes, o Estado e a família, dia e noite, a ordem legal humana e a ordem divina subterrânea. Lacan, pelo contrário, enfatiza como Antígona, longe de representar a relação de família, assume a posição-limite do próprio gesto instituidor da ordem simbólica, do impossível nível zero da simbolização, a razão por que ela defende a pulsão de morte: apesar de ainda estar viva, ela já está morta em termos da ordem simbólica, excluída das coordenadas sociossimbólicas. No que sou tentado a chamar de síntese dialética, Butler rejeita os dois extremos (Hegel situar o conflito no interior da ordem sociossimbólica; Lacan ver Antígona como defensora da chegada ao limite, da passagem ao exterior dessa ordem): Antígona solapa a ordem simbólica existente não apenas de seu exterior radical, mas do ponto de vista utópico de buscar sua rearticulação radical. Antígona é uma "morta-viva", não no sentido (que Butler atribui a Lacan) de entrar no misterioso domínio de Ate, de chegar ao limite da Lei; ela é "morta-viva" no sentido de assumir publicamente uma posição indefensável, posição para a qual não existe lugar no espaço público – não *a priori*, mas apenas com relação à forma como esse espaço é hoje estruturado, em condições historicamente contingentes e específicas.

É esse, portanto, o argumento central de Butler contra Lacan: a própria radicalidade lacaniana (a noção de que Antígona se coloca no exterior suicida da ordem simbólica) reafirma essa ordem, a ordem das relações estabelecidas de família, assumindo silenciosamente que a alternativa última é a que está entre a Lei simbólica das relações de família (patriarcais fixas) e sua suicida transgressão extática. Mas o que dizer da

120 • Bem-vindo ao deserto do Real!

terceira alternativa: a da rearticulação das próprias relações de família, ou seja, da reconsideração da Lei simbólica como um conjunto de arranjos sociais contingentes abertos à mudança? Antígona fala em nome de todos os argumentos "patológicos" subversivos que aspiram a ser admitidos no espaço público – mas identificar o que ela representa nessa leitura com o *Homo sacer* é desconhecer o argumento básico da análise de Agamben: para ele, não existe espaço para o projeto "democrático" de "renegociar" o limite que separa o cidadão de pleno direito do *Homo sacer* ao permitir que, gradualmente, sua voz seja ouvida; sua posição, pelo contrário, é que, na "pós-política" de hoje, o próprio espaço público democrático é uma máscara que esconde o fato de, em última análise, sermos todos *Homo sacer*. Isso significa, então, que Agamben partilha simples e completamente da opinião daqueles que, tal como Adorno e Foucault, identificam como *télos* secreto do desenvolvimento de nossas sociedades um total fechamento do "mundo administrado" em que somos todos reduzidos à condição de objetos da "biopolítica"? Embora negue a existência de uma saída "democrática", Agamben, na sua leitura detalhada de São Paulo, reafirma violentamente a dimensão messiânica "revolucionária" – e essa dimensão messiânica só pode significar que a "vida nua" já não é o terreno último da política.[11] Ou seja, o que está suspenso na atitude messiânica de "esperar o final dos tempos" é precisamente a atitude central da "vida nua"; em claro contraste, a característica fundamental da pós-política é a redução da política a "biopolítica" no sentido exato de administrar e regular a "vida nua".

Essa apropriação (errônea) de Agamben é apenas mais um numa série de casos que exemplificam uma tendência dos

---

[11] Ver Giorgio Agamben, *Le temps qui reste*, Paris, Éditions Payot & Rivages, 2000.

De *Homo otarius* a *Homo sacer* • 121

acadêmicos radicais americanos (e até mais ilustrativo que Agamben, há o caso de Foucault): apropriar-se do *tópos* intelectual europeu, com ênfase no fechamento de todo projeto democrático emancipatório, inscrevendo-o no *tópos* contrário da ampliação gradual e parcial do espaço democrático. O obverso dessa aparente radicalização política é ser a prática política radical em si concebida como um processo sem fim capaz de desestabilizar, deslocar, e assim por diante, a estrutura de poder, sem jamais ser capaz de solapá-la efetivamente – o objetivo último da política radical é deslocar gradualmente o limite da exclusão social, aumentando o poder dos agentes excluídos (minorias sexuais ou étnicas) pela criação de espaços marginais em que possam articular e questionar a própria identidade. A política radical se transforma assim numa paródia e provocação sarcástica sem fim, um processo gradual de reidentificação em que não há vitórias finais e demarcações definitivas – e, mais uma vez, foi Chesterton quem formulou a crítica última dessa postura na sua avaliação da guilhotina:

> A guilhotina tem muitos pecados, mas, para lhe fazer justiça, é preciso que se diga que ela nada tem de evolutivo. A melhor resposta para o principal argumento evolutivo é o machado. O evolucionista pergunta, "onde se deve marcar o limite?". O revolucionário responde, "Vou marcar *aqui*, exatamente entre sua cabeça e seu corpo". Se um golpe tiver de ser desferido, é necessário que exista em qualquer momento dado um conceito abstrato de certo e errado; é necessário que haja algo eterno, se vai haver algo repentino.[12]

É sobre essa base que devemos entender por que Badiou, *o teórico do Ato*, precisa se referir à Eternidade: um ato só pode ser concebido como a intervenção da eternidade no tempo. O evolucionismo historicista conduz à procrastinação infinda; a

---

[12] Chesterton, *Orthodoxy*, p. 116.

situação é sempre complexa demais; há sempre mais aspectos a serem explicados; a ponderação dos prós e contras nunca termina... contra essa postura, a passagem ao ato envolve um gesto de simplificação radical e violenta, um corte igual ao do proverbial nó górdio: o momento mágico em que a ponderação infinita se cristaliza num simples "sim" ou "não".

Então, se, contra essas leituras erradas, resistirmos a esvaziar a noção de *Homo sacer* de sua verdadeira radicalidade, poderemos também analisar os inúmeros chamados à ponderação de alguns ingredientes básicos das noções modernas de dignidade e liberdade humanas que se multiplicaram depois do 11 de Setembro. Um bom exemplo é a coluna de Jonathan Alter na revista *Newsweek*, "Tempo de pensar a tortura", cujo ominoso subtítulo é "Trata-se de um mundo novo, e a sobrevivência talvez exija antigas técnicas que pareciam estar fora de questão". Depois de brincar com a ideia israelense de legitimar a tortura física e mental em casos de extrema urgência (quando sabemos que um prisioneiro terrorista tem informações que podem salvar centenas de vidas), e alegações "neutras" como "um pouco de tortura sempre funciona", Alter conclui:

> Não podemos legalizar a tortura; ela é contrária aos valores americanos. Mas mesmo que continuemos a combater os abusos contra os direitos humanos por todo o mundo, precisamos manter uma mente aberta para certas medidas de luta contra o terrorismo, tais como o interrogatório psicológico sancionado pelos tribunais. E teremos de pensar em transferir alguns suspeitos para nossos aliados menos delicados, ainda que seja uma atitude hipócrita. Ninguém disse que isso ia ser bonito.[13]

A obscenidade dessas propostas é escandalosa. Primeiro, por que usar os ataques ao WTC como justificativa? Não existem crimes muito mais horrorosos acontecendo em todo o mundo

---

[13] *Newsweek*, 3 de novembro de 2001, p. 45.

De *Homo otarius* a *Homo sacer* • 123

o tempo todo? Segundo, qual a novidade dessa ideia? A CIA já não vem ensinando há décadas aos aliados militares dos americanos na América Latina e no Terceiro Mundo a prática da tortura? A hipocrisia já vem de longa data... Até mesmo o muito citado argumento "liberal" de Alan Dershowitz é suspeito: "Não sou favorável à tortura, mas se tiver de ser usada, é fundamental que ela tenha a aprovação dos tribunais". A lógica subjacente – "como vamos usá-la de qualquer forma, é melhor que ela seja legalizada para evitar excessos!" – é extremamente perigosa: legitima a tortura, e assim abre espaço para mais tortura ilícita. Quando, seguindo a mesma lógica, Dershowitz afirmou que a tortura em situações em que o "tempo está correndo" não vai contra os direitos do prisioneiro como acusado (a informação obtida não será usada contra ele no tribunal, e a tortura não é praticada como punição, mas para evitar assassinatos em massa), a premissa subjacente é ainda mais perturbadora: então pode-se torturar alguém não como parte de um castigo merecido, mas simplesmente por saber alguma coisa? Por que, então, não legalizar a tortura dos prisioneiros de guerra que talvez estejam de posse de informações capazes de salvar centenas de nossos soldados? Contra a honestidade liberal de Dershowitz, devemos portanto aderir à aparente "hipocrisia": Muito bem, podemos imaginar que numa situação específica, diante do proverbial "prisioneiro que sabe" e cujas palavras podem salvar milhares, devemos usar o recurso à tortura – mas mesmo (ou melhor, precisamente) nesse caso é absolutamente crucial que não se eleve essa escolha desesperada à condição de princípio universal; de acordo com a urgência brutal e inevitável do momento, devemos simplesmente aplicá-la. Só assim, na incapacidade ou proibição de elevar o que fomos forçados a fazer à condição de princípio universal, conseguiremos manter a sensação de culpa, a consciência da inadmissibilidade do que fizemos.

Ou seja, esses debates, essas exortações a "manter a mente aberta", devem ser para todo liberal autêntico o sinal de que os terroristas estão vencendo. E, de certa forma, artigos como o de Alter, que não defendem totalmente a tortura, mas que apenas a introduzem como tópico legítimo de debate, são ainda mais perigosos que uma defesa explícita: enquanto – ao menos no momento – a defesa explícita é chocante demais e será portanto rejeitada, a simples introdução da tortura como tópico legítimo de discussão nos permite manter a consciência limpa ("é claro que sou contra a tortura – mas não faz mal algum simplesmente discuti-la!"). Essa legitimação da tortura como tópico de debate muda o pano de fundo dos pressupostos e opções ideológicos muito mais radicalmente que a defesa direta: muda todo o campo, ao passo que, sem essa mudança, a defesa aberta continuaria sendo uma opinião idiossincrática. O problema aqui é o dos pressupostos éticos fundamentais: é claro que se pode legitimar a tortura em termos de ganhos de curto prazo (salvar centenas de vidas) – mas o que dizer das consequências de longo prazo para o nosso universo simbólico? Onde devemos parar? Por que não torturar um criminoso empedernido, o pai que rapta o filho da esposa divorciada...? A ideia de que, uma vez solto o gênio da garrafa, a tortura possa ser mantida num nível "razoável" é a pior ilusão liberal – principalmente por ser enganoso o exemplo do "tempo que está correndo": na maioria dos casos, a tortura não é praticada nas situações em que o "tempo está correndo", mas por razões completamente diferentes (para punir ou quebrar psicologicamente o inimigo, para aterrorizar a população que se quer dominar, assim por diante). Qualquer postura ética coerente deve rejeitar completamente esse raciocínio pragmático-utilitarista. Ademais, mais uma vez sou tentado a propor uma experiência mental simples: vamos imaginar um jornal *árabe* que defenda a tortura para os prisioneiros americanos – e a explosão de comentários sobre a barbárie fundamentalista e o desrespeito pelos direitos humanos que isso iria provocar! Claro, sabemos como nossa própria sensibilidade à tortura – ou seja, a ideia de que a tortura vai contra a dignidade do ser humano em si – evoluiu da ideologia do próprio capitalismo: em resumo, a crítica do capitalismo é um resultado da própria dinâmica ideológica do capitalismo, não porque o medimos de acordo com um padrão externo.

Longe de ser um evento único, o tópico da tortura persistiu em 2002: no início de abril, quando os americanos prenderam Abu Zubaydah, que se presumia ser o segundo em comando na Al-Qaeda, a pergunta "Devemos torturá-lo?" foi discutida abertamente nos meios de comunicação de massa. Numa declaração transmitida pela NBC no dia 5 de abril, o próprio Donald Rumsfeld afirmou que sua prioridade eram as vidas americanas, não os direitos humanos de um terrorista importante, e atacou os jornalistas por manifestarem essa preocupação pelo bem-estar de Zubaydah, abrindo assim caminho para a tortura; mas o espetáculo mais melancólico foi o de Alan Dershowitz que, a título de resposta liberal a Rumsfeld, apesar de aceitar a tortura como tópico legítimo de discussão, argumentou como os opositores legalistas da aniquilação dos judeus na Conferência de Wansee. Suas reservas se baseavam em dois pontos principais: (1) o caso de Abu Zubaydah não era um caso claro de "tempo correndo" – ou seja, não se provou que ele sabia detalhes de um iminente ataque terrorista de massa que pudesse ser evitado pelo acesso ao seu conhecimento por meio da tortura; (2) torturá-lo ainda não seria legal – para fazê-lo seria necessário abrir um debate, e depois emendar a Constituição e declarar publicamente em que áreas os EUA deixarão de obedecer à Convenção de Genebra, que regula o tratamento dos prisioneiros inimigos... Se já houve um fiasco ético do liberalismo, foi esse.

A referência a Wansee não é, de modo algum, um exagero retórico. Se pudermos acreditar no filme do HBO a respeito da Conferência de Wansee, um velho advogado conservador que lá estava, arrasado pelas implicações das medidas propostas (milhões de judeus liquidados ilegalmente), protestou: "Mas eu visitei o Führer há uma semana, e ele me assegurou solenemente que nenhum judeu iria sofrer medidas violentas ilegais!". Reinhard Heydrich, que presidia a sessão, olhou dentro de seus olhos com um sorriso sarcástico e respondeu: "E tenho certeza de que se o senhor lhe fizer a mesma pergunta outra vez, vai receber a mesma garantia". O juiz arrasado entendeu: o discurso nazista operava em dois planos, e o plano das declarações explícitas era suplementado por um verso obsceno não reconhecido. Então, se as atas que sobreviveram merecem crédito, ao longo de toda a conferência esse foi o núcleo da discussão entre os executivos linha-dura e os "legalistas", como o juiz que escreveu as leis raciais de Nuremberg: apesar de afirmar que odiava os judeus, ele insistia em não haver base legal para as medidas radicais que estavam sendo debatidas. O problema para os "legalistas" era não a natureza das medidas, nem a redução do antissemitismo em si, mas a preocupação de não serem tais medidas previstas em lei – estavam assustados em ter de enfrentar o abismo de uma decisão que não fosse coberta pelo Outro da Lei, pela ficção legal de legitimidade. Hoje, com a regulação pós-política da vida do *Homo sacer*, desapareceu esta última reserva dos legalistas nazistas: já não há necessidade de cobrir as medidas administrativas com o grande Outro legal.

O inesperado precursor dessa "biopolítica" paralegal em que as medidas administrativas substituem gradualmente o domínio do Direito foi o regime autoritário de direita de Alfredo Stroessner no Paraguai durante as décadas de 1960 e 70, que trouxe a lógica do estado de exceção ao mais extremo absurdo. Sob Stroessner, o Paraguai era – em termos da ordem constitucional – uma democracia parlamentar "normal" com a garantia de todas as liberdades; como, entretanto, conforme a alegação de Stroessner, vivemos todos em estado de emergência por causa da luta mundial entre a liberdade e o comunismo, a implementação total da Constituição era sempre adiada e proclamado um permanente estado de emergência. Esse estado de emergência só era suspenso por um dia a cada quatro anos para que houvesse as eleições que legitimavam o governo do Partido Colorado de Stroessner com uma maioria de 90 por cento – digna dos adversários comunistas... O paradoxo é que esse estado de emergência era o estado normal, ao passo que a liberdade democrática "normal" era uma exceção de curtíssima duração.

Esse estranho regime não teria simplesmente evidenciado com antecipação a consequência mais radical de uma tendência claramente percebida em nossas sociedades liberal-democráticas depois do 11 de Setembro? A retórica hoje não é a de um estado de emergência global na luta contra o terrorismo que legitime a suspensão de direitos legais e outros? O que é ominoso na afirmação de John Ashcroft de que os "terroristas usam a liberdade americana como uma arma contra nós" é, evidentemente, a conclusão óbvia: portanto, para "nos" defender, teremos de limitar nossa liberdade... O que indicam as inúmeras declarações públicas problemáticas feitas por importantes funcionários americanos, especialmente Donald Rumsfeld e John Ashcroft, além da exposição explosiva do "patriotismo americano" depois do 11 de Setembro (bandeiras por toda parte etc.), é exatamente a lógica do estado de emergência: suspende-se potencialmente o império do direito; o Estado deve ter permissão para afirmar sua soberania sem restrições legais "excessivas", pois, como disse o presidente Bush imediatamente depois do 11 de Setembro, a América está em estado de guerra. O problema é exatamente que a América *não* está em guerra, pelo menos não no antigo sentido convencional do termo (para a grande maioria das pessoas, a vida diária segue normalmente e a guerra continua sendo preocupação exclusiva das agências do Estado): até mesmo a distinção entre estado de guerra e estado de paz fica embaçada; estamos entrando numa era em que um estado de paz em si pode ao mesmo tempo ser um estado de emergência.

Esses paradoxos também oferecem a chave para entender como as duas lógicas do estado de emergência se relacionam uma com a outra: a atual emergência liberal-totalitária da "guerra ao terrorismo" e o autêntico estado revolucionário de emergência, primeiramente articulado por São Paulo no que ele denominou a emergência da aproximação do "fim do tempo". A resposta é clara: quando uma instituição estatal proclama o estado de emergência, ela o faz, por definição, como parte de uma estratégia desesperada para *evitar* a verdadeira emergência e "retornar ao estado normal das coisas". Há uma característica comum a todas as proclamações reacionárias de "estado de emergência": foram todas dirigidas contra a agitação popular ("confusão") e apresentadas como medidas para restaurar a normalidade. Na Argentina, no Brasil, na Grécia, no Chile e na Turquia, os militares proclamaram um estado de emergência a fim de controlar o "caos" da politização generalizada. "Essa loucura tem de terminar; as pessoas devem retomar seus empregos, o trabalho tem de continuar!" Em resumo, a proclamação reacionária do estado de emergência é uma defesa desesperada contra o verdadeiro estado de emergência.

Dentro da mesma linha, devemos ser capazes de discernir o que é realmente novo na lista dos sete Estados considerados pelos EUA como alvos potenciais de suas armas nucleares (não somente o Iraque, o Irã, a Coreia do Norte, mas também a China e a Rússia): não é somente a lista que é problemática, mas o princípio oculto por trás dela – ou seja, o abandono da regra de ouro da Guerra Fria, segundo a qual cada uma das superpotências proclamava publicamente que sob nenhuma condição seria ela a primeira a usar armas nucleares: o uso das armas nucleares era a ameaça da situação de MAD (Mutually Assured Destruction, ou seja, Destruição Mútua Assegurada) que, paradoxalmente, assegurava que nenhum conflito superaria certos limites. Os EUA agora renunciaram a essa promessa e proclamaram que estão prontos a ser os primeiros a usar armas nucleares na sua guerra contra o terrorismo, fechando assim o hiato entre a guerra convencional e a nuclear, ou seja, apresentaram o uso das armas nucleares como parte de uma guerra "normal". Sou quase tentado a colocar isto em termos filosóficos kantianos: durante a Guerra Fria, o *status* das armas nucleares era "transcendental", até mesmo numenal (não se destinavam ao uso numa guerra real; pelo contrário, elas designavam um limite de destruição total a ser evitado em qualquer guerra "empírica"); ao passo que hoje, com a nova doutrina Bush, o uso de armas nucleares está reduzido a apenas mais um elemento empírico ("patológico") da guerra.

Outro aspecto da mesma alteração: em fevereiro de 2002 foi anunciado um plano – rapidamente arquivado – de estabelecer um "Departamento de Influência Estratégica", entre cujas tarefas incluía-se a disseminação de inverdades na mídia estrangeira para propagar a imagem dos EUA no mundo. O problema desse departamento não era apenas a admissão clara da mentira; ela ajustava-se à conhecida declaração: "Se há uma coisa pior que um homem que mente, é um homem que não está à altura de suas mentiras!". (Essa história se refere à reação de uma mulher ao amante, que desejava toda forma de sexo que não a penetração, para não ter de mentir à esposa quando dissesse que não estava mantendo relações sexuais – ou seja, ele queria dar uma de Bill Clinton com ela. Nessas circunstâncias, a mulher tinha todo o direito de dizer que a mentira completa – a negativa de relações sexuais – teria sido mais honesta que a estratégia adotada de mentir usando meia-verdade.) É natural, então, que o plano tenha sido rapidamente abandonado: uma agência do governo anunciar abertamente que seu objetivo, entre outros, é disseminar mentiras é inviável. O que isso quer dizer, evidentemente, é que a disseminação oficial de mentiras vai continuar: a ideia de uma agência do governo dedicada à mentira foi, de certa forma, honesta demais – teve de ser abandonada precisamente para permitir a divulgação eficiente de mentiras.

Neste caso, a lição a ser aprendida – de Carl Schmitt – é que o divisor amigo/inimigo nunca é apenas uma representação de uma diferença factual: o inimigo é por definição, pelo menos até certo ponto, *invisível*; parece um de nós; não pode ser reconhecido diretamente – essa é a razão por que o grande problema ou tarefa da luta política é oferecer ou construir uma imagem *reconhecível* do inimigo (o que também justifica o fato de os judeus serem o inimigo *par excellence*: não se trata apenas de eles ocultarem a própria imagem ou contornos – é o fato de não haver nada sob sua aparência enganosa. Os judeus não têm a "forma interior" que está presente em toda identidade nacional: são uma não nação entre nações; sua substância nacional é exatamente a falta de substância, numa infinita plasticidade sem forma...). Ou seja, o "reconhecimento do inimigo" é sempre uma atividade *performativa* que, ao contrário das aparências enganosas, traz à luz ou constrói o "verdadeiro rosto" do inimigo. Schmitt se refere aqui à categoria kantiana de *Einbildungskraft*, o poder transcendental da imaginação: para reconhecer o inimigo, não basta a subordinação conceitual a certas categorias preexistentes: é necessário "esquematizar" a figura lógica do Inimigo, provendo-a de características tangíveis concretas que a transformem num alvo adequado de ódio e de luta.

Depois de 1990 e do colapso dos Estados comunistas que proviam a figura do inimigo da Guerra Fria, o poder de imaginação do Ocidente passou por uma década de confusão e

De *Homo otarius* a *Homo sacer* • 131

ineficácia, procurando "esquematizações" adequadas para a figura do Inimigo, passando pelos chefões dos cartéis do narcotráfico até uma sucessão de senhores da guerra dos assim chamados "Estados renegados" (Saddam, Noriega, Aidid, Milošević...) sem se estabilizar numa única imagem central; só com o 11 de Setembro essa imaginação recuperou seu poder com a construção da imagem de Osama Bin Laden, o fundamentalista islâmico *par excellence*, e a Al-Qaeda, sua rede "invisível". Isso significa, ademais, que nossas democracias liberais pluralistas e tolerantes permanecem profundamente "schmittianas": continuam a depender da *Einbildungskraft* política para lhes oferecer a figura adequada que revele o Inimigo invisível. Longe de suspender a lógica "binária" do Amigo/Inimigo, o fato de esse Inimigo ser definido como o adversário fundamentalista da tolerância pluralista apenas adiciona a ela um traço reflexivo. Evidentemente, o preço dessa "renormalização" é a figura do Inimigo passar por uma mudança fundamental: deixa de ser o Império do Mal, ou seja, outra entidade territorial (um Estado ou grupo de Estados), mas uma rede mundial ilegal, secreta – quase virtual –, em que a ilegalidade (criminalidade) coincide com o fanatismo ético-religioso "fundamentalista" – e como tal entidade não tem *status* legal positivo, essa nova configuração resulta no fim do direito internacional que – pelo menos desde o início da modernidade – regula as relações entre os Estados.

Quando o Inimigo opera como o *point de capiton* lacaniano do nosso espaço ideológico, é para unificar a multidão de adversários políticos com quem interagimos em nossas lutas. Assim, o stalinismo da década de 1930 construiu a agência do Capital Monopolista Imperialista para demonstrar que os fascistas e os social-democratas ("social-fascistas") são "irmãos gêmeos", as "mãos direita e esquerda do capital monopolista". Assim, o próprio nazismo construiu o "plano plutocrático-bolchevista" como o agente comum que ameaça o bem-estar da nação alemã.

132 • Bem-vindo ao deserto do Real!

Capitonnage é a operação por meio da qual identificamos ou construímos um único poder que controla efetivamente "os fios" por trás da multidão de adversários reais. E o mesmo não vale com relação à "guerra contra o terrorismo" de nossos dias? A figura do Inimigo terrorista não é também uma condensação de duas figuras opostas, o reacionário "fundamentalista" e o militante esquerdista? O título do artigo de Bruce Barcott no *New York Times Magazine* de 7 de abril de 2002 – "A cor do terrorismo doméstico é verde" – diz tudo: não os fundamentalistas da direita responsáveis pela explosão de Oklahoma e com toda a probabilidade pelos atentados com antraz, mas os verdes que nunca mataram um único ser humano.

A característica verdadeiramente ominosa subjacente a todos esses fenômenos é a universalização metafórica do significante "terror": a mensagem da campanha na TV americana contra as drogas na primavera de 2002 dizia: "Quando você compra drogas, está oferecendo dinheiro para os terroristas!" – e assim o "terror" é gradualmente elevado ao equivalente universal oculto de todos os males sociais.

5

DE *HOMO SACER* A PRÓXIMO

Como Freud muitas vezes enfatizou, a principal característica dos sonhos em que o sonhador aparece nu diante de uma multidão, a característica que provoca angústia, é o fato estranho de que ninguém parece se importar com sua nudez: as pessoas continuam passando como se tudo estivesse normal... E isso faz lembrar a cena de pesadelo da violência racista diária a que assisti em Berlim em 1992. De início tive a impressão de que, do outro lado da rua, um alemão e um vietnamita estavam simplesmente executando uma dança amistosa e complexa em torno um do outro – só depois de algum tempo percebi que estava vendo um caso real de hostilidade racial: para qualquer lado que se virasse o perplexo e assustado vietnamita, o alemão lhe bloqueava a passagem, demonstrando assim que, ali em Berlim, ele não tinha para onde ir. As causas de minha incompreensão inicial foram duas: primeira, o fato de o alemão executar sua perseguição de uma forma estranha e codificada, respeitando certos limites, sem chegar a atacar fisicamente o vietnamita; na verdade, ele não o tocou nem uma vez, limitando-se a bloquear-lhe a passagem. A segunda causa, evidentemente, foi o fato de as pessoas que passavam (tudo isso aconteceu numa rua movimentada, não num beco escuro!) simplesmente ignorarem – ou melhor, *fingirem* ignorar – o que estava se passando, evitando olhar ao passar, como se nada de especial estivesse acontecendo. A diferença entre essa

134 • Bem-vindo ao deserto do Real!

hostilidade "suave" e o brutal ataque físico dos *skinheads* neo-nazistas foi tudo o que sobrou da diferença entre civilização e barbárie? E essa hostilidade "suave" não foi, de certa forma, até pior? Foi a suavidade que permitiu aos passantes ignorá-la e aceitá-la como um acontecimento normal, o que não teria sido possível no caso de um brutal ataque físico direto. E sou tentado a afirmar que ignorância semelhante, uma espécie de *epoche*[*] ética, é mobilizada quando somos levados a tratar alguém como *Homo sacer* – como, então, conseguiremos romper esse problema?

Um acontecimento notável ocorreu em Israel em janeiro ou fevereiro de 2002: a recusa organizada de centenas de reservistas a servir nos territórios ocupados. Esses *refuseniks* (como são chamados) não são simplesmente "pacifistas": em sua proclamação pública, enfatizaram que cumpririam o seu dever de lutar por Israel nas guerras contra os Estados árabes, nas quais alguns deles foram altamente condecorados. Alegavam simplesmente (e há sempre algo simples num ato ético)[1] que não concordavam em lutar "para dominar, expulsar, reduzir à fome e humilhar todo um povo". Essas alegações estão documentadas nas descrições detalhadas das atrocidades cometidas pela Força de Defesa de Israel (FDI), desde a matança de crianças até a destruição de propriedade palestina. É assim que Gil Nemesh relata a "realidade do pesadelo nos territórios" no *website* dos *refuseniks* (seruv.org.il):

---

[*] Suspensão de julgamento. (N.T.)

[1] As grandes frases que têm papel histórico crucial consistem geralmente em banalidades tautológicas – desde "liberdade é a liberdade dos que pensam diferente", de Rosa Luxemburgo, até o famoso aviso de Mikhail Gorbatchov àqueles que não estivessem prontos a seguir a sua *perestroika*: "Ninguém deve chegar tarde, ou será punido pela vida". Assim, o importante não era o conteúdo das frases, mas seu papel estrutural: se a frase de Luxemburgo tivesse sido dita por um crítico liberal da revolução bolchevista, ela teria desaparecido da memória há muito tempo.

Meus amigos – forçando um velho a se humilhar, ferindo crianças, agredindo pessoas por divertimento, e mais tarde vangloriando-se de tudo isso, rindo dessa brutalidade terrível. Não sei se ainda quero chamá-los de meus amigos. Deixaram que se perdesse a própria humanidade, não por pura maldade, mas por ser difícil demais enfrentar isto de qualquer outra forma.

Passa-se então a perceber uma certa realidade: a realidade de centenas de pequenas – e outras não tão pequenas assim – humilhações diárias sistemáticas a que são submetidos os palestinos – os palestinos, e até os árabes israelenses (oficialmente cidadãos de Israel, com todos os direitos de cidadania), são discriminados na alocação de água, nos negócios envolvendo patrimônio, e assim por diante. Mas, ainda mais importante, é a sistemática "micropolítica" de humilhação psicológica: os palestinos são tratados basicamente como crianças malcriadas que devem ser reeducadas para uma vida honesta por meio de disciplina e castigos. Basta considerar o ridículo da situação em que as forças de segurança palestinas são bombardeadas, e ao mesmo tempo se cobra delas a repressão aos terroristas do Hamas. Como esperar que elas retenham um mínimo de autoridade aos olhos da população palestina se são humilhadas diariamente pelos ataques que sofrem e, pior ainda, pela expectativa de que suportem caladas esses ataques – caso se defendam e ofereçam resistência serão consideradas terroristas? No final de março de 2002, essa situação atingiu seu ridículo apogeu: Arafat foi sitiado e isolado nos três cômodos de seu escritório em Ramallah, ao mesmo tempo em que se lhe cobrava o combate ao terror, como se ele tivesse poder absoluto sobre os palestinos... Resumindo, não encontramos no tratamento israelense dado à Autoridade Palestina (atacá-la militarmente, enquanto exige que ela combata os terroristas que vivem entre os palestinos) uma espécie de paradoxo pragmático em que a mensagem explícita (a ordem de combater o terrorismo) é subvertida pela mensagem implícita contida no próprio modo de transmissão da mensagem explícita? Não está escandalosamente claro que a Autoridade Palestina é, dessa forma, colocada numa posição insustentável: obrigada a perseguir seu próprio povo enquanto está sob o fogo israelense? E a verdadeira ordem implícita não seria exatamente oposta: *queremos que vocês resistam para poder esmagá-los*? Noutras palavras, e se o verdadeiro objetivo da atual invasão israelense da Palestina não for a prevenção de futuros ataques terroristas, mas, de fato, "queimar as pontes", elevar o ódio a tal nível que será impossível encontrar uma solução pacífica em futuro previsível?

O absurdo da visão americana está expresso num comentário de Newt Gingrich, feito na TV em 1º de abril de 2002: "Como Arafat é o líder efetivo de uma organização terrorista, teremos de depô-lo e substituí-lo por outro democraticamente eleito capaz de entrar em acordo com o Estado de Israel". Isso não é um paradoxo vazio, é parte da realidade: Hamid Karzai, no Afeganistão, já é um "líder democrático imposto externamente ao povo". Quando aparece na mídia, Karzai, o "líder provisório" instalado pelos americanos no Afeganistão em novembro de 2001, veste sempre a mesma roupa, que parece uma versão atraente e modernizada da roupa tradicional afegã (um quepe de lã e um pulôver sob um casaco mais moderno etc.) – sua figura parece exemplificar sua missão, a de combinar a modernização com o melhor das velhas tradições afegãs... o que é natural, já que suas roupas foram criadas por um dos melhores alfaiates ocidentais! Assim, Karzai é a melhor metáfora da condição do próprio Afeganistão de hoje. O verdadeiro problema, claro, é: e se não houver uma maioria silenciosa palestina "autenticamente democrática" (no sentido americano, evidentemente)? E se um "novo líder democraticamente eleito" for ainda mais anti-israelense, já que Israel adota sistematicamente a lógica da responsabilidade e punição coletivas, destruindo as casas de

Do *Homo sacer* a próximo • 137

toda a família extensa de um suspeito de terrorismo? A questão não é o tratamento cruel e arbitrário em si, mas, antes, o fato de os palestinos nos territórios ocupados não serem cidadãos integrais, mas estarem reduzidos à condição de *Homo sacer*, o objeto de medidas disciplinares e de ajuda humanitária. Os *refuseniks* conseguiram passar de *Homo sacer* a "próximo": tratam os palestinos não como "cidadãos iguais", mas como *próximos* no estrito sentido judaico-cristão.[2] E, de fato, esse é o teste ético mais difícil para os israelenses hoje: ou o mandamento "Ama teu próximo!" significa "Ama o palestino!" (o próximo *par excellence* dos israelenses), ou não significa nada.

Essa recusa merece todo o nosso entusiasmo, e foi significativamente esvaziada pela mídia de massa: esse gesto de traçar o limite, de se recusar a participar, é um *ato ético* autêntico. É aí, nesses atos – como teria dito São Paulo –, que deixam de existir judeus ou palestinos, membros integrais do Estado e *Homo sacer*... Devemos, nesse caso, ser escandalosamente platônicos: esse "Não!" designa o momento milagroso em que a Justiça eterna aparece momentaneamente na esfera temporária da realidade empírica. A consciência de momentos como esse é o melhor antídoto contra a tentação antissemita claramente perceptível entre os críticos da política israelense. A fragilidade da atual constelação global é mais bem expressa por experimentos mentais simples: se tomássemos conhecimento de uma ameaça à vida na Terra (digamos, um gigantesco asteroide deverá atingir a Terra em oito meses), como se tornariam insignificantes e ridículas as nossas apaixonadas lutas político-ideológicas...

---

[2] Devemos notar a diferença entre o amor judaico-cristão pelo próximo e, digamos, a compaixão budista pelo sofrimento: essa compaixão não se refere ao "próximo" no sentido do abismo do desejo do Outro que gera a nossa ansiedade, mas ao sofrimento que nós, humanos, compartilhamos com os animais (é por isso que, de acordo com a teoria da reencarnação, um humano pode renascer como animal).

Por outro lado (quem sabe, uma expectativa mais realista), e se houvesse um ataque terrorista sem precedentes (digamos, um ataque nuclear contra Nova Iorque ou Washington, ou milhões envenenados por armas químicas), como seria alterada a nossa percepção da situação? A resposta não é tão simples quanto parece. Mas o que não soaria ridículo nem insignificante, nem mesmo do ponto de vista de tamanha catástrofe global, seriam atos éticos "impossíveis". Especialmente agora, primavera de 2002, quando o ciclo de violência entre israelenses e palestinos aumenta progressivamente a sua dinâmica autoalimentadora, aparentemente indiferente até mesmo à interferência americana, somente um *ato* milagroso será capaz de romper esse ciclo.

Nosso dever hoje é acompanhar esses atos, esses momentos éticos. O pior pecado é dissolver esses atos na falsa universalidade do "ninguém é puro". É sempre possível jogar esse jogo, que oferece ganho duplo ao jogador: o de manter a superioridade moral sobre aqueles ("no fundo todos iguais") que se envolvem na luta, e o de ser capaz de evitar a difícil tarefa de se comprometer, de analisar a situação e escolher um lado. Em anos recentes, é como se o pacto antifascista da Segunda Guerra Mundial estivesse lentamente desmoronando: dos historiadores revisionistas até os populistas da nova direita, os tabus estão caindo... Paradoxalmente, os que solapam esse pacto se referem à própria lógica liberal universalizada da vitimização: é claro que o fascismo fez vítimas, mas o que dizer das vítimas das expulsões que se seguiram à Segunda Guerra Mundial? O que dizer dos alemães expulsos de seus lares na Tchecoslováquia em 1945? Eles também não têm direito a algum tipo de compensação (financeira)?[3] Essa estranha conjunção de dinheiro e vitimização é uma das formas (talvez até mesmo a "verdade")

---

[3] E o mesmo não se aplica às campanhas antiaborto? Elas não participam da lógica liberal da vitimização global, estendendo-a aos ainda não nascidos?

Do *Homo sacer* a próximo • 139

do moderno fetichismo do dinheiro: enquanto muitos reafirmam que o Holocausto foi o crime absoluto, todos especulam sobre a compensação *financeira* adequada para suas vítimas... Um importante aspecto desse revisionismo é, assim, a relativização da culpa na Segunda Guerra Mundial: os argumentos do tipo "mas os aliados também não bombardearam Dresden sem necessidade?". O exemplo mais recente e escandaloso se refere ao pós-guerra da Iugoslávia. Na Bósnia, no início da década de 1990, nem todos os atores jogavam o mesmo jogo nacionalista – durante algum tempo, pelo menos o governo de Sarajevo, ao insistir, contra as outras facções étnicas, na defesa de uma Bósnia multiétnica e do legado da Iugoslávia de Tito, adotou essa posição ética contra aqueles que lutavam pela dominação étnica. Portanto, a verdade da situação não era: "Milošević, Tudjman, Izetbegovič, no fundo são todos iguais" – esse tipo de generalização que, de uma distância segura, pronuncia um julgamento desqualificador é *a* forma de traição ética. É triste observar como até mesmo Tariq Ali, na sua inteligente análise da intervenção da OTAN na Iugoslávia, cai nessa armadilha:

> A alegação de que tudo é culpa de Milošević é parcial e errada, protegendo os políticos eslovenos, croatas e ocidentais que permitiram que ele tivesse sucesso. Pode-se argumentar, por exemplo, que foi o egoísmo esloveno, ao atirar aos lobos os bósnios e albaneses, bem como os sérvios e croatas não nacionalistas, o fator decisivo no desencadeamento de toda a tragédia da desintegração.[4]

É verdade que a responsabilidade de outras pessoas pelo sucesso de Milošević foi o fato de "terem permitido o seu sucesso", na pressa de aceitá-lo como um "fator de estabilidade" e de tolerar seus "excessos" na esperança de um acordo com ele;

---

[4] Tariq Ali, "Springtime for NATO", *New Left Review*, 234 (março-abril de 1999), p. 70.

e é verdade que essa atitude foi claramente percebida entre os políticos eslovenos, croatas e ocidentais (por exemplo, há fundamento para a suspeita de que o caminho relativamente suave da independência eslovena envolveu um pacto informal de silêncio entre a liderança eslovena e Milošević, cujo projeto de uma "grande Sérvia" não exigia a adesão da Eslovênia). Mas é preciso acrescentar aqui duas coisas. Primeira, esse argumento implica que a responsabilidade dos outros é de natureza fundamentalmente diferente da do próprio Milošević: a questão não é que "todos foram igualmente culpados, ao participar da loucura nacionalista", mas que outros foram culpados por não terem sido suficientemente duros com Milošević, por não se opor incondicionalmente, a qualquer preço, a ele. Segunda, o que esse argumento esquece é que a mesma censura de "egoísmo" pode ser aplicada a *todos* os atores, inclusive os muçulmanos, as maiores vítimas da (primeira fase da) guerra: quando a Eslovênia proclamou sua independência, a liderança bósnia apoiou abertamente a intervenção do exército iugoslavo na Eslovênia, em vez de arriscar uma confrontação naquele período ainda inicial, e assim contribuiu para seu posterior destino trágico. Assim, a estratégia muçulmana no primeiro ano do conflito foi também oportunista; o raciocínio oculto era: "Vamos deixar os sérvios, croatas e eslovenos sangrarem-se mutuamente até a exaustão, de forma que, terminado o seu conflito, vamos ganhar uma Bósnia independente sem ter de pagar um preço alto demais". (É uma dessas ironias da guerra Iugoslávia-Croácia que, dois anos antes, o coronel Arif Dudaković, o lendário comandante bósnio que liderou a defesa da região sitiada de Bihač contra o exército bósnio-sérvio, tenha comandado as unidades do exército iugoslavo que sitiavam a cidade costeira croata de Zadar!)

Há uma espécie de justiça poética no fato de o Ocidente ter finalmente intervindo na questão do Kosovo – é necessário não esquecer de que foi lá que tudo começou, com a subida de

Milošević ao poder: essa subida foi legitimada pela promessa de dar solução à situação pouco privilegiada da Sérvia na federação iugoslava, especialmente com relação ao "separatismo" albanês. Os albaneses eram o alvo prioritário de Milošević; depois deles, ele odiava as outras repúblicas iugoslavas (Eslovênia, Croácia, Bósnia), até que finalmente o foco do conflito voltou para o Kosovo – como se o destino operasse num circuito fechado, a flecha voltou contra quem a havia disparado libertando o espectro das paixões étnicas. Essa é a questão principal a ser lembrada: a Iugoslávia não começou a se desintegrar quando a "secessão" eslovena ensejou o efeito dominó (primeiro a Croácia, depois a Bósnia, depois a Macedônia...); foi à época das reformas constitucionais de Milošević, que tomaram do Kosovo e da Vojvodina a autonomia limitada de que gozavam, que se quebrou irremediavelmente o frágil equilíbrio de que dependia a Iugoslávia. A partir daquele momento a Iugoslávia continuou a existir apenas por não ter percebido que já estava morta – como o gato do desenho animado que anda flutuando sobre o precipício e só cai ao perceber que não tem chão debaixo dos pés... A partir do instante em que Milošević assumiu o poder na Sérvia, a única chance real de sobrevivência da Iugoslávia era reinventar sua fórmula: ou a Iugoslávia sob dominação sérvia, ou alguma forma de descentralização radical, de uma confederação frouxa até a soberania completa de seus membros.

Há aqui, entretanto, um problema mais crucial a ser encarado: o misterioso detalhe que não pôde deixar de atrair nossa atenção na citação de Tariq Ali é a menção inesperada, no meio da análise política, a uma categoria psicológica: o "egoísmo esloveno" – qual a razão da necessidade dessa notável referência? Que fundamentos justificam a alegação de que os croatas, sérvios e muçulmanos agiram menos "egoisticamente" durante o processo de desintegração da Iugoslávia? A premissa oculta aqui é a de que, quando viram a casa (Iugoslávia) cair, os eslovenos "egoisticamente" aproveitaram a oportunidade para escapar, em vez de – em vez do quê? Lançarem-se heroicamente também eles aos lobos? Assim, os eslovenos foram culpados por terem começado tudo, por colocarem em movimento o processo de desintegração (pois foram os primeiros a abandonar a Iugoslávia) e, ademais, por terem fugido sem receber o castigo devido, sem sofrer prejuízos graves. Oculta sob essa percepção há toda uma rede de dogmas e preconceitos clássicos da esquerda: a crença secreta na viabilidade do socialismo autogerido da Iugoslávia, a noção de que nações pequenas como a Eslovênia (ou a Croácia) não são capazes de funcionar como democracias modernas, e que, abandonadas à própria sorte, regridem forçosamente à condição de comunidade "fechada" protofascista (em claro contraste com a Sérvia, cujo potencial para se tornar um Estado democrático nunca é posto em dúvida).

Pode-se também discernir o preconceito nacionalista no aumento recente do antiamericanismo na Europa Ocidental. É natural que esse antiamericanismo seja mais forte nas nações europeias "grandes", especialmente na França e na Alemanha: é parte de sua resistência à globalização. Ouvimos com frequência a queixa de que a tendência recente à globalização ameaça a soberania da nação-Estado; mas aqui é preciso qualificar essa afirmação: que Estados estão mais expostos a essa ameaça? Não são os pequenos Estados, mas as (ex-)potências mundiais de segunda classe, países como o Reino Unido, a Alemanha e a França: o que esses países temem é que uma vez que tenham submergido no império mundial emergente, serão reduzidos ao mesmo nível de, digamos, Áustria, Bélgica ou até mesmo Luxemburgo. A recusa à "americanização" na França, comum a esquerdistas e nacionalistas de direita, é assim, em última análise, a recusa a aceitar o fato de que a França está perdendo seu papel hegemônico na Europa. O nivelamento dos pesos de nações-Estados grandes e pequenas deve, portanto, ser relacio-

Do *Homo sacer* a próximo • 143

nado entre os efeitos benéficos da globalização: é fácil perceber por baixo do desprezo pelos novos Estados pós-comunistas da Europa Oriental os contornos do narcisismo ferido das "grandes nações" da Europa.

Em 1990, Habermas também expressou sua opinião de que as repúblicas "separatistas" como a Eslovênia e a Croácia não têm a substância democrática suficiente para sobreviver como Estados soberanos modernos. Por isso ele articulou um clichê: não somente para os sérvios, mas mesmo para a maioria das potências ocidentais, a Sérvia era percebida como a única entidade étnica com substância suficiente para criar seu próprio Estado. Mais tarde, ao longo da década de 1990, até mesmo os críticos democráticos radicais de Milošević que rejeitavam o nacionalismo sérvio agiram no pressuposto de que, entre as antigas repúblicas iugoslavas, somente a Sérvia demonstrava potencial democrático: após derrubar Milošević, somente a Sérvia poderia se transformar num Estado democrático vigoroso, ao passo que as outras nações iugoslavas são excessivamente "provincianas" para manter seus próprios Estados democráticos. Não seria isso um eco das observações contundentes de Friedrich Engels sobre serem as pequenas nações balcânicas politicamente reacionárias, pois sua própria existência é uma reação, uma sobrevivência do passado? Aqui temos um belo caso de "racismo reflexivo": de racismo que assume a forma de desprezar o Outro como racista, intolerante e assim por diante.

É natural, portanto, que, em janeiro de 2002, no congresso do Partido do Povo, de centro-direita no poder na Espanha, o primeiro-ministro José Maria Aznar tenha feito o elogio do conceito de "patriotismo constitucional [*Verfassungspatriotismus*]" de Jürgen Habermas, a ligação patriótica não às próprias raízes étnicas, mas à constituição democrática do Estado, que abrange igualmente todos os cidadãos. Aznar elevou esse conceito a modelo para a Espanha, com seus problemas de separatismo –

chegou mesmo, talvez brincando, a propor que o Partido do Povo declarasse ser Habermas o filósofo oficial do Estado espanhol... Em vez de descartar essa referência à última grande figura da Escola de Frankfurt como um ridículo mal-entendido, devemos, pelo contrário, identificar o grão de verdade que há nela: não é de admirar que os "separatistas" bascos tenham reagido com desconfiança, chegando mesmo a chamar Habermas de "nacionalista alemão" – entenderam bem a observação leninista de que, em um estado de tensão étnica, a atitude aparentemente neutra de indiferença com relação à identidade étnica, de redução de todos os membros de um Estado a meros cidadãos abstratos, favorece na verdade o maior grupo étnico.

Na Iugoslávia do final da década de 1980, durante o intenso debate sobre seu futuro, os intelectuais sérvios (precisamente os que mais tarde optaram por Milošević) também advogaram o princípio da "cidadania" neutra abstrata. Então, talvez haja mais que uma idiossincrasia ridícula no fato – que se tornou um embaraço tão grande para os seguidores ocidentais de Habermas – de que a maioria dos membros do grupo Práxis de filósofos marxistas da Sérvia, que se aproximam da tradição da Escola de Frankfurt, tenham se declarado nacionalistas sérvios – chegando alguns (como Mihajlo Marković) a apoiar Milošević direta e ideologicamente. Quando, no final daquela década, Zoran Djindjič, que hoje é o primeiro-ministro da Sérvia, publicou um livro em que advogava um papel unificador mais forte para a Sérvia na Iugoslávia, deu-lhe o título *A Iugoslávia como um projeto inacabado*, numa clara referência ao conceito de Habermas de modernidade como um projeto inacabado. Confrontados com esses fatos, os seguidores da Escola de Frankfurt os descartam como um mistério inacreditável, o início da loucura; vamos pressupor, no entanto, que os seguidores de Jacques Lacan tivessem de seguir o mesmo caminho – é fácil imaginar as análises viciadas de como esse engajamento

Do *Homo sacer* a próximo • 145

é o resultado necessário da teoria lacaniana, conforme aqueles que lançam a responsabilidade pela negação do Holocausto ao "desconstrucionismo".

Na Iugoslávia da década de 1980, portanto, os comunistas não nacionalistas realmente perderam uma oportunidade de ouro de se unir contra Milošević numa plataforma socialista democrática de salvação do legado de Tito? Essa talvez seja a mais insidiosa das ilusões pseudoesquerdistas. Houve realmente uma tentativa, em 1989, durante uma reunião do Politburo da Liga Iugoslava dos Comunistas dedicada à memória de Tito, de formar uma frente comum para defender seu legado contra o feroz ataque do nacionalismo de Milošević, e foi um dos espetáculos mais tristemente ridículos que jamais se viu. Os comunistas "democráticos" (o croata Ivica Račan, que pronunciou a fala de abertura; o esloveno Milan Kučan, etc.) pretendiam demonstrar o que já era óbvio, uma espécie de *vérité de la Palice*, ou seja, que o nacionalismo sérvio endossado por Milošević solapa as próprias fundações da Iugoslávia de Tito. O problema dessa estratégia é que ela falhou completamente, porque os "defensores democráticos de Tito" acuaram a si próprios ao adotar uma posição ridiculamente insustentável e contrária aos objetivos do grupo: para defender o potencial democrático contra a ameaça nacionalista, eles tiveram de fingir que falavam em nome da ideologia mesma contra a qual o movimento democrático na Iugoslávia se definia. Dessa forma, tornaram extremamente fácil para Milošević transmitir sua própria mensagem: "Os senhores ainda estão possuídos por uma ideologia que já perdeu a força, ao passo que eu sou o primeiro político a assumir integralmente as consequências do fato – que os senhores negam – de que *Tito está morto!*".

Portanto, foi a fidelidade superficial ao legado de Tito que imobilizou a maioria na Liga Iugoslava dos Comunistas, deixando para Milošević a iniciativa política: a verdade do triste espetáculo do final dos anos 80 foi que Milošević estava definindo as regras e determinando a dinâmica política; ele agia, enquanto as outras facções na Liga dos Comunistas apenas reagiam. A única forma de efetivamente enfrentar Milošević teria sido, em vez de se agarrar a velhos fantasmas, arriscar um passo maior do que o dele: submeter abertamente o legado de Tito a uma crítica radical. Ou, expresso em termos mais patéticos: não foi apenas Milošević quem traiu o legado de Tito; num nível mais profundo, os próprios defensores anti-Milošević do titoísmo, representantes da *nomenklatura* local preocupados com os próprios privilégios, já se limitavam a agarrar-se ao cadáver do titoísmo ritualizado – havia algo justificável na forma como o movimento popular de Milošević derrubou as *nomenklaturas* locais em Vojvodina e Montenegro (as chamadas "revoluções do iogurte"). O único defensor verdadeiro do que valia a pena salvar do legado de Tito foi o governo de Sarajevo da Bósnia independente no início da década de 1990.

Assim, quando Milošević acusa em Haia o Ocidente de adotar dois pesos e duas medidas, lembrando aos líderes ocidentais que há menos de uma década, quando já sabiam dos crimes de que hoje o acusam, eles o saudaram como o pacificador; quando ameaça convocá-los ao banco das testemunhas, ele está coberto de razão. Essa é a verdadeira história de Milošević: não o fato de ele ter sido escolhido como o principal culpado, mas o fato de ele ter sido tratado por tanto tempo como um parceiro adequado – essa história envolve especialmente algumas potências da Europa Ocidental, como a França e o Reino Unido, que sempre tiveram uma forte tendência pró-Sérvia. Mais uma vez, Milošević tem razão: as potências ocidentais também estão sendo julgadas em Haia (ainda que não no sentido pretendido por ele, é claro). Esse também foi um aspecto hipócrita do protesto público no Ocidente no início de março de 2002 com relação às eleições fraudadas no Zimbábue: em termos abstratos o Ocidente tinha razão; entretanto, como foi possível que o problema do Zimbábue eclipsasse o de outros países africanos onde o sofrimento humano causado pela ditadura política é incomparavelmente maior – ou, como explicou recentemente um professor do Congo: "Nossa desgraça é termos ouro, diamantes e madeira de lei, mas infelizmente não termos fazendeiros brancos". Ou seja: onde estava o Ocidente quando Mugabe ordenou à sua famigerada Quinta Brigada matar 20 mil adversários de seu regime? A resposta: estava ocupado demais celebrando a sabedoria de sua política de conciliação em favor dos fazendeiros brancos para prestar atenção a tais detalhes... A melhor maneira de ilustrar a falsidade da "guerra americana contra o terrorismo" é *universalizá-la*: depois dos Estados Unidos, outros países reclamaram para si o mesmo direito – Israel (contra os palestinos), Índia (contra o Paquistão). O que podemos dizer à Índia, que agora, depois de terroristas apoiados pelo Paquistão terem atacado seu Parlamento, reclama o mesmo direito à intervenção armada no Paquistão? E o que dizer de todas as reclamações passadas de vários governos contra o governo dos Estados Unidos, que se recusou a extraditar pessoas que se ajustavam sem dúvida à mesma definição de "terroristas" que hoje os EUA adotam?

Entretanto, há algo de excepcional no conflito palestino-israelense: é claro que estamos tratando com o *nó sintomal* da crise do Oriente Médio, seu Real que volta sempre para assombrar todos os participantes. Quantas vezes aconteceu de um acordo de paz parecer próximo, apenas uma questão de encontrar uma formulação adequada para algumas declarações de menor importância – e então tudo caiu por terra, evidenciando a fragilidade do compromisso simbólico. O termo "nó sintomal" pode nesse caso ser usado literalmente: não é verdade que, no conflito palestino-israelense, os papéis normais são de certa

148 • Bem-vindo ao deserto do Real!

forma invertidos, como num nó? Israel, que representa oficialmente a modernidade liberal ocidental, legitima-se em termos
de sua identidade étnico-religiosa; ao passo que os palestinos,
execrados como os "fundamentalistas" pré-modernos, legi-
timam suas exigências em termos de cidadania secular. Quem
argumenta que "não se pode confiar nos palestinos: se tiverem
uma oportunidade, eles matam e expulsam os israelenses" está
deixando de considerar o nó da questão. É claro que não se deve
ter ilusões com relação aos palestinos; o sonho de um Estado
secular em que israelenses e palestinos possam viver lado a lado
felizes para sempre é por enquanto apenas isso: um sonho – a
questão não é essa. A questão é simplesmente que a recusa dos
reservistas das FDI revelou um aspecto da situação que solapa
completamente a oposição simples entre os israelenses liberais
civilizados que lutam contra os fanáticos islâmicos: precisamente o aspecto de reduzir toda uma nação à condição de *Homo
sacer*, submetendo-a a uma rede de regulamentos escritos e não
escritos que lhes rouba a autonomia como membros de uma
comunidade política.

Vamos, ainda outra vez, conduzir um experimento mental
simples: imaginemos o *status quo* em Israel e na Margem Ocidental sem qualquer violência direta – o que teríamos? Não um
estado normal e pacífico, mas um grupo de pessoas (palestinas)
sujeitas a restrições e privações administrativas sistemáticas
(em termos de oportunidades econômicas, direito ao forneci-
mento de água, autorizações para construir casas, liberdade de
movimento etc.). Quando Benjamin Netanyahu pronunciou
um discurso no Congresso americano como primeiro-ministro
de Israel há menos de uma década, ele rejeitou enfaticamente
qualquer divisão de Jerusalém, desenhando um estranho – se
não simplesmente obsceno – paralelo entre Jerusalém e Berlim;
em sua argumentação apaixonada, perguntou por que um jovem casal israelense não poderia ter o mesmo direito de qualquer

Do *Homo sacer* a próximo • 149

casal em qualquer grande cidade do mundo: o direito de ir e vir e de comprar um apartamento onde quiser, em segurança (invocando o mesmo direito, Ariel Sharon desencadeou enorme agitação quando comprou um apartamento no coração da Jerusalém árabe e o visitou protegido por pesada escolta policial). Evidentemente, surge aqui uma pergunta óbvia: não deveria ser igualmente normal que qualquer palestino pudesse comprar um apartamento onde quisesse numa Jerusalém sem divisões? Esse "ruído de fundo", esse desequilíbrio global subjacente, contradiz o argumento simples de "quem começou tudo, e quem cometeu qual ato de violência".

Como, então, se relacionam os dois conflitos – a "guerra ao terrorismo" contra a Al-Qaeda e o conflito palestino-israelense? O fato principal é a mudança misteriosa ocorrida na primavera de 2002: de repente, o Afeganistão (e, até certo ponto, mesmo a lembrança dos ataques ao WTC) foi relegado a segundo plano, e se concentrou o foco no imbróglio palestino-israelense. Duas "reduções essenciais" se impõem: para os falcões dos EUA e de Israel, a guerra ao terrorismo é a referência fundamental, e a luta de Israel contra a OLP é apenas um capítulo menor dessa luta; Arafat é um terrorista, como Bin Laden ("Quando as torres do WTC e o Pentágono foram atacados pelos terroristas suicidas, os EUA atacaram o Afeganistão que dava abrigo aos atacantes; quando nossas cidades são atacadas por terroristas suicidas, temos o mesmo direito de atacar os territórios palestinos que dão abrigo a eles"); para os árabes, o conflito árabe-israelense é a referência fundamental, e os acontecimentos de 11 de setembro estão enraizados na injustiça perpetrada por Israel e os Estados Unidos contra os palestinos. Essa dupla "redução essencial" está ligada ao duplo *je suis bien, mais quand même*: de um lado, como reação à onda de explosões suicidas, muitos liberais israelenses adotaram a postura de "não apoio Sharon, mas, apesar disso... [na atual situação é preciso fazer alguma coisa; Israel tem o direito de se defender]"; de outro lado, muitos intelectuais ocidentais pró-palestinos adotaram a postura de "não apoio a matança indiscriminada de civis israelenses, mas, apesar disso... [as explosões suicidas devem ser entendidas como atos desesperados dos que não têm força contra a máquina militar israelense]".

Quando o problema é apresentado nesses termos, é evidente que não há saída; ficamos presos num eterno círculo vicioso autoperpetuante. Os liberais israelenses têm razão; é preciso fazer alguma coisa – mas o quê? O conflito não pode ser resolvido em seus próprios termos: o único caminho para romper o círculo vicioso passa por um ato que mude as coordenadas do conflito. Consequentemente, o problema de Ariel Sharon não é ele estar reagindo com excesso, mas de ele não estar fazendo o suficiente, de ele não estar enfrentando o verdadeiro problema: longe de ser um militar impiedoso, Sharon é modelo do líder que persegue uma orientação política confusa de oscilação desorientada. A excessiva atividade militar de Israel é, em última análise, uma expressão de impotência, uma impotente *passage à l'acte* que, contrariamente a todas as aparências, não tem um objetivo claro: a confusão óbvia com relação ao verdadeiro objetivo das operações militares israelenses, a forma como erram constantemente, gerando o resultado oposto ao desejado (a pacificação gera mais violência), é estrutural.

Talvez o primeiro movimento em busca de uma solução seja, portanto, reconhecer esse impasse radical: por definição, nenhum dos dois lados conseguirá vencer: os israelenses não conseguirão ocupar todo o território árabe (Jordânia, Síria, Egito...), pois, quanto mais terras ocupar, mais Israel há de se tornar vulnerável; os árabes não conseguirão destruir Israel militarmente (não somente pela superioridade em armamento convencional de Israel, mas também por Israel ser uma potência nuclear; a velha lógica da MAD – Mutually Assured Destruction –

da Guerra Fria volta a valer nesse caso). Ademais – pelo menos no curto prazo –, uma sociedade palestino-israelense pacífica é impensável: em resumo, os árabes terão de aceitar não somente a existência do Estado de Israel, mas a existência em seu meio do Estado *Judeu* de Israel como uma espécie de intruso externo. E, com toda certeza, essa perspectiva também abre caminho para a única solução realista para o impasse: a "kosovização", ou seja, a presença temporária direta nos territórios ocupados da Margem Ocidental e de Gaza de forças internacionais (e por que não da OTAN?), que evitariam simultaneamente o "terror" palestino e o "terror de Estado" de Israel, assegurando assim as condições para a existência de um Estado Palestino e da paz em Israel.

Existem hoje na Palestina duas narrativas contrárias sem nenhum horizonte comum, nenhuma "síntese" numa metanarrativa mais ampla; assim, a solução não há de ser encontrada em nenhuma narrativa abrangente. Isso também quer dizer que, ao considerar esse conflito, devemos nos ater a padrões frios e impiedosos, suspendendo a necessidade de "entender" a situação: devemos resistir incondicionalmente à tentação de "entender" o antissemitismo árabe (onde realmente o encontrarmos) como uma reação "natural" à situação infeliz dos palestinos; ou de "entender" as medidas de Israel como uma reação "natural" à lembrança do Holocausto. Não pode haver compreensão para o fato de em muitos – se não na maioria – países árabes Hitler ainda ser considerado um herói, e para o fato de que todos os velhos mitos antissemitas – desde o notório e falso Protocolo dos Sábios de Sião, até as alegações de que os judeus usam sangue de crianças cristãs (ou árabes) para fins sacrificiais – são relatados nos livros didáticos da escola primária. Alegar que esse antissemitismo articula a resistência contra o capitalismo de uma forma deslocada não o justifica de forma alguma (o mesmo vale com relação ao antissemitismo nazista: ele também se justificava pela resistência anticapitalista): aqui o deslocamento não é uma operação secundária, mas o gesto fundamental de mistificação ideológica. O que essa alegação realmente envolve, no longo prazo, é a ideia de que a única forma de lutar contra o antissemitismo não é pregar a tolerância liberal, e coisas semelhantes, mas expressar o motivo anticapitalista oculto de forma direta, não deslocada.

A questão-chave é, assim, não interpretar ou julgar atos únicos "em conjunto", não localizá-los num "contexto mais amplo", mas tirá-los de seu contexto histórico: as ações atuais da Força de Defesa de Israel na Margem Ocidental não devem ser julgadas "contra o pano de fundo do Holocausto"; o fato de muitos árabes reverenciarem Hitler, ou de as sinagogas serem profanadas na França e em outras partes da Europa, não deve ser julgado como uma "reação inadequada mas compreensível ao que os israelenses fazem na Margem Ocidental". Mas isso não quer dizer que devamos ser insensíveis à forma como os atos concretos propostos hoje, mesmo quando se apresentam como "progressistas", são capazes de mobilizar tópicos reacionários. Em abril de 2002, reagindo à intervenção militar no território palestino da Margem Ocidental, um grande grupo de acadêmicos da Europa Ocidental propôs o boicote às instituições acadêmicas israelenses (interromper os convites, o intercâmbio universitário etc.); é preciso rejeitar tal proposta, pois a mensagem "boicotem os judeus!" tem grande peso na Europa – não há como erradicar, de forma pseudoleninista, o eco do boicote nazista aos judeus, alegando que hoje estamos lidando com uma "situação histórica concreta diferente".

O conflito palestino-israelense é, no sentido mais radical do termo, um *falso* conflito, um engodo, um deslocamento ideológico do verdadeiro antagonismo. É verdade, os "fundamentalistas" árabes são "islamofascistas" – numa repetição

Do *Homo sacer* a próximo • 153

paradigmática do gesto fascista, eles desejam o "capitalismo sem capitalismo" (sem seu excesso de desintegração social, sem a dinâmica na qual "tudo que é sólido se desmancha no ar").

É verdade, os israelenses defendem o princípio da tolerância liberal do Ocidente, apesar de, na sua singularidade, corporificarem a exceção a esse princípio (pois advogam um Estado baseado na identidade étnico-religiosa – e isso no país com o maior percentual de ateus em todo o mundo). A referência israelense à tolerância liberal ocidental, entretanto, é a forma do aparecimento do terror neocolonialista do Capital; a exigência da "não liberdade" ("fundamentalismo" reacionário) é a forma do aparecimento da resistência a esse terror.

Quando todo protesto contra as atividades das Forças de Defesa de Israel na Margem Ocidental é denunciado como expressão de antissemitismo e – pelo menos implicitamente – colocado na mesma categoria da defesa do Holocausto – ou seja, quando a sombra do Holocausto é permanentemente evocada para neutralizar toda crítica a qualquer operação militar ou política de Israel –, não basta insistir na diferença entre antissemitismo e a crítica de medidas particulares adotadas pelo Estado de Israel; é necessário avançar mais um passo e afirmar que é o Estado de Israel quem, nesse caso, profana a memória das vítimas do Holocausto: manipulando-as impiedosamente, instrumentalizando-as como meios de legitimação das atuais medidas políticas. Isso quer dizer que devemos rejeitar radicalmente a própria noção da existência de ligação entre o Holocausto e as atuais tensões palestino-israelenses: são dois fenômenos completamente diferentes – um é parte da história europeia de resistência da direita à dinâmica de modernização; o segundo é um dos capítulos mais recentes da história da colonização. Por outro lado, a tarefa difícil para os palestinos é aceitar que seus verdadeiros inimigos não são os judeus, mas os regimes árabes que manipulam suas dificuldades para evitar essa alteração – ou seja, a radicalização política em seus próprios regimes.

Na "Edição Especial de Davos" da revista *Newsweek* (dezembro de 2001/fevereiro de 2002), foram apresentados lado a lado artigos de dois autores famosos com visões opostas: "A era das guerras muçulmanas", de Samuel P. Huntington, e "O inimigo real", de Francis Fukuyama. Como, então, os dois se ajustam – Francis Fukuyama, com a ideia pseudo-hegeliana do "fim da história" (encontrou-se a fórmula última da melhor ordem social possível, a democracia liberal capitalista; já não há mais espaço para progresso conceitual, apenas obstáculos empíricos a serem superados), e Samuel P. Huntington, com a ideia de que o "choque de civilizações" será a principal luta política no século XXI? Os dois concordam que o Islã fundamentalista militante é hoje a maior ameaça – e então é possível que suas opiniões não sejam realmente opostas, e que a verdade seja encontrada quando lemos os dois em conjunto: o *choque de civilizações* é o *fim da história*. Conflitos étnico-religiosos pseudonaturalizados são a forma de luta que se ajusta ao capitalismo global: nessa era da "pós-política", em que a política propriamente dita é substituída pela administração social especializada, a única fonte legítima de conflito que resta é a tensão cultural (étnica ou religiosa). Hoje, o crescimento da violência "irracional" deve ser entendido como o correlato estrito da despolitização de nossas sociedades, ou seja, do desaparecimento da dimensão política propriamente dita, sua tradução em diferentes níveis de "administração" dos negócios públicos: a violência é explicada em termos de interesses sociais, e assim por diante, e o resto inexplicável só pode ser "irracional"... A reversão dialética hegeliana é crucial neste caso: o que parece à primeira vista ser a multidão de "restos do passado" a serem gradualmente superados com o crescimento da ordem liberal multicultural passa de repente a ser entendido como o próprio modo de existência dessa ordem liberal – resumindo, a sucessão teleológica temporal é desmascarada como contemporaneidade estrutural. (Exatamente do mesmo modo, o que, no domínio do "socialismo realmente existente", pareciam ser os "restos do passado" pequeno-burgueses, a eterna desculpa para o fracasso dos regimes socialistas, era o produto intrínseco do próprio regime.)

Assim, quando Fukuyama fala do "islamofascismo", devemos concordar com ele – com a condição de usarmos o termo "fascismo" de forma muito precisa: como o nome da tentativa impossível de ter um "capitalismo sem capitalismo", sem os excessos de individualismo, desintegração social, relativização de valores e assemelhados. Isso quer dizer que, para os muçulmanos, não existe apenas a escolha entre o fundamentalismo islamofascista e o doloroso processo de "protestantismo islâmico" que tornaria o Islã compatível com a modernização. Há uma terceira opção que já foi tentada: o socialismo islâmico. A atitude politicamente correta característica é enfatizar, com sintomática insistência, que os ataques terroristas nada têm a ver com o verdadeiro Islã, uma grande e sublime religião – não seria mais apropriado reconhecer a resistência do Islã à modernização? E, em vez de lamentar o fato de o Islã, de todas as grandes religiões, ser a mais resistente à modernização, deveríamos, pelo contrário, ver essa resistência como uma oportunidade aberta, ainda "por ser decidida": essa resistência não tem necessariamente de levar ao "islamofascismo", ela poderia também se articular como um projeto socialista. Exatamente porque abriga os "piores" potenciais da resposta fascista às nossas dificuldades atuais, o Islã pode também abrigar os "melhores".

Há, então, uma "questão árabe", assim como existe uma "questão judaica": a tensão árabe-judaica não seria a prova última da continuação da "luta de classes" numa forma deslocada, mistificada e "pós-política" do conflito entre o "cosmopolitismo" judeu e a rejeição muçulmana da modernidade? Noutras palavras, e se a recorrência do antissemitismo no mundo globalizado de hoje oferecer como resposta última a velha ideia marxista de que a única "solução" verdadeira para essa questão é o socialismo?

CONCLUSÃO:
O CHEIRO DO AMOR

Na primavera de 2002, nos EUA, tornou-se comum encontrar pessoas ostentando orgulhosamente na lapela as bandeiras dos EUA e de Israel e a inscrição "United we stand" ["Estamos unidos"]. Esse novo papel dos judeus na atual constelação político-ideológica global – a ligação privilegiada com o capitalismo global dominado pelos EUA – está carregado de perigos horríveis, abrindo caminho para explosões de violento antissemitismo: o fato de, devido a uma série de decisões e condições estratégicas contingentes, Israel ter sido elevado a parceiro privilegiado dos EUA pode se tornar uma nova fonte de mortandade. Consequentemente, a principal tarefa de todos os que realmente se preocupam com o povo judeu hoje é trabalhar diligentemente visando cortar a ligação "natural" entre os EUA e o Estado de Israel. Como já vimos, no primeiro turno das eleições francesas em abril de 2002, Jean-Marie le Pen, cujo antissemitismo é um fator importante (basta recordar a sua observação de que o Holocausto foi um detalhe menor da história europeia), chegou ao segundo turno, emergindo como a única alternativa a Jacques Chirac – ou seja, venceu Lionel Jospin, e agora a *linha divisória já não é mais entre a esquerda e a direita, mas entre o campo "moderado" da pós-política e a repolitização da extrema direita.* Não seria esse resultado chocante um sinal ominoso do preço que vamos pagar pela vitória de

Pirro da pós-política? Isso quer dizer: é preciso ter sempre em mente que Le Pen representa a única força política séria na França que, em claro contraste com a letargia sufocante da pós-política hegemônica, *persiste numa atitude de radical politização*, da paixão política (pervertida, mas ainda assim viva) propriamente dita. Expresso em termos paulinos, a tragédia é que Le Pen, por sua própria provocação repulsiva, representa a vida contra a morte pós-política como o modo de vida dos Últimos Homens.

O pior a fazer com relação aos acontecimentos de 11 de setembro é elevá-los à condição de Mal Absoluto, um vácuo que não pode ser explicado nem dialetizado. Classificá-los na mesma categoria que o *Shoah** é uma blasfêmia: o *Shoah* foi cometido metodicamente por uma vasta rede de *apparatchiks* do Estado e seus esbirros que, ao contrário dos que atacaram as torres do WTC, não tinham a aceitação suicida de sua própria morte – como Hannah Arendt deixou claro, eram burocratas anônimos que cumpriam seu dever, e uma distância enorme separava o que faziam de sua autoexperiência individual. Essa "banalidade do Mal" inexiste no caso dos ataques terroristas: os perpetradores assumiram integralmente o horror de seus atos; esse horror é parte da atração fatal que os leva a cometê--los. Ou, dito de forma ligeiramente diferente, os nazistas cumpriram a tarefa de "dar solução ao problema judeu" como um segredo obsceno que foi oculto do olhar público, ao passo que os terroristas executaram abertamente o seu ato. A segunda diferença é ser o *Shoah* parte da história *europeia*: foi um acontecimento que não está diretamente ligado à relação entre muçulmanos e judeus: basta lembrar Sarajevo que tinha, de longe, a maior população judia da Iugoslávia, e, ademais, era a mais cosmopolita das cidades iugoslavas, um

---

*   O Holocausto. (N. T.)

centro ativo de cinema e *rock* – por quê? Precisamente por ser uma cidade dominada por muçulmanos, onde a presença de judeus e cristãos era tolerada, ao contrário das grandes cidades dominadas por cristãos, de onde judeus e muçulmanos tinham sido expulsos há muito tempo.

Por que se deveria privilegiar a catástrofe do WTC em relação, digamos, ao genocídio dos hutus pelos tutsis em Ruanda, em 1994? Ou o bombardeio em massa e envenenamento por gás dos curdos no norte do Iraque no início da década de 1990? Ou a matança generalizada perpetrada pelas forças indonésias contra a população do Timor Leste? Ou... é longa a lista de países onde o sofrimento era, e é, incomparavelmente maior que o sofrimento em Nova Iorque, mas a população não teve a sorte de ser elevada pela mídia à categoria de vítimas sublimes do Mal Absoluto. Mas esta é a questão: se insistirmos em usar o termo, são todos "Males Absolutos". Devemos então estender a proibição de explicação e afirmar que nenhum desses males não pode nem deve ser "dialetizado"? Não somos também obrigados a avançar um pouco mais: o que dizer dos horríveis crimes individuais, desde os sádicos assassinatos em massa de Jeffrey Dalmer até os de Andrea Yates, que afogou os cinco filhos a sangue-frio? Não existe algo real, impossível, inexplicável, em *todos* esses atos? Não é verdade, como Schelling explicou há mais de duzentos anos, que em cada um deles temos de enfrentar o abismo último do livre-arbítrio, o fato imponderável de que "fiz porque quis fazer" que resiste a qualquer explicação em termos de causas psicológicas, sociológicas ou ideológicas?

Resumindo, não é verdade que hoje, nessa nossa resignada era pós-ideológica que não admite Absolutos, os únicos candidatos a Absoluto são os atos radicalmente maus? Essa condição negativa e teológica do Holocausto encontra sua expressão máxima em *Remnants of Auschwitz* [*O que resta de Auschwitz*] de Giorgio Agamben, em que ele oferece uma espécie de prova ontológica de Auschwitz contra os revisionistas que negam o Holocausto. Ele conclui diretamente a existência do Holocausto a partir de seu "conceito" (noções tais como os "muçulmanos" mortos-vivos são tão "intensas" que não poderiam existir sem o fato do Holocausto) – existe prova melhor do que, em alguns estudos culturais de hoje, o Holocausto ser de fato elevado à categoria de a Coisa, percebida como o Absoluto negativo? E nos diz muito a respeito da constelação de que o único Absoluto é o Mal sublime e irrepresentável. Agamben se refere às quatro categorias modais (possibilidade, impossibilidade, contingência e necessidade), articulando-as ao longo do eixo de subjetivação-dessubjetivação: possibilidade (ser capaz de ser) e contingência (ser capaz de não ser) são operadores da subjetivação; ao passo que impossibilidade (não ser capaz de ser) e necessidade (não ser capaz de não ser) são os operadores da dessubjetivação – e o que acontece em Auschwitz é o ponto em que os dois lados do eixo se unem:

> Auschwitz representa o ponto histórico em que esses processos entram em colapso, a devastadora experiência em que o impossível é imposto ao real. Auschwitz é a existência do impossível, a negação mais radical da contingência; é, portanto, a necessidade absoluta. O *Muselmann* [o "morto-vivo" do campo] produzido por Auschwitz é a catástrofe do sujeito que então se segue, o apagamento do sujeito como local de contingência e sua manutenção como a existência do impossível.[1]

Assim, Auschwitz designa a catástrofe desse tipo de curto-circuito ontológico: a subjetividade (a abertura do espaço de contingência em que a possibilidade tem mais importância que

---

[1] Giorgio Agamben, *Remnants of Auschwitz*, Nova Iorque, Zone Books, 1999, p. 148 [ed. bras.: *O que resta de Auschwitz*, São Paulo, Boitempo, 2008, p. 149].

a realidade) desaba na objetividade, em que se torna impossível as coisas não seguirem a necessidade "cega". Para entender essa questão, devemos considerar os dois aspectos do termo "impossibilidade": primeiro, a impossibilidade como o simples obverso da necessidade ("não poderia ter sido de outra forma"); então, a impossibilidade é o limite último impensável da própria possibilidade ("uma coisa tão impossível não poderia acontecer; ninguém pode ser tão mau") – em Auschwitz, os dois aspectos são coincidentes. Podemos expressá-lo em termos kantianos, como o curto-circuito entre o numenal e o fenomenal: na figura do *Muselmann*, o morto-vivo, o sujeito dessubjetivado, a dimensão numenal (do sujeito livre) aparece na própria realidade empírica – o *Muselmann* é a Coisa numenal que aparece diretamente na realidade fenomenal; como tal, é a testemunha do que não se pode testemunhar. E, num passo futuro, Agamben lê essa figura única do *Muselmann* como a prova irrefutável da existência de Auschwitz:

> Vamos pois postular Auschwitz, aquilo sobre o que não se pode dar testemunho, e vamos também postular o *Muselmann* como a impossibilidade absoluta de dar testemunho. Se a testemunha presta testemunho do *Muselmann*, se conseguir colocar na fala uma impossibilidade de fala – se o *Muselmann* é assim constituído como todo o testemunho –, então a negação de Auschwitz é refutada em sua fundação mesma. No *Muselmann*, a impossibilidade de prestar testemunho deixa de ser uma simples privação. Pelo contrário, tornou-se real; existe como tal. Se o sobrevivente não dá testemunho das câmaras de gás, nem de Auschwitz, mas apenas do *Muselmann*, se só consegue falar na base da impossibilidade de falar, então seu testemunho não pode ser negado. Auschwitz – aquilo sobre o que não é possível dar testemunho – fica absoluta e irrefutavelmente provado.[2]

---

[2] Ibidem, p. 164.

Não podemos deixar de admirar a finura dessa teorização: longe de impedir uma prova de que Auschwitz realmente existiu, o fato mesmo de ser impossível dar testemunho de Auschwitz demonstra a sua existência. Aí se esconde, numa mudança reflexiva, o erro fatal de cálculo do bem-conhecido e cínico argumento nazista citado por Primo Levi e outros: "O que estamos fazendo com os judeus é tão irrepresentável em seu horror que, mesmo que alguém sobrevivesse aos campos, seria impossível aos que não estiveram lá acreditar nele – hão de declará-lo mentiroso ou louco!". O contra-argumento de Agamben é: de fato, não é possível dar testemunho do horror último de Auschwitz – mas, e se *essa impossibilidade mesma estiver corporificada num sobrevivente*? Então, se existir uma subjetividade igual à do *Muselmann,* uma subjetividade levada ao ponto extremo do colapso na objetividade, *essa subjetividade dessubjetivada só poderia ter emergido nas condições que são as de Auschwitz...* Apesar de tudo, essa linha de argumentação, inexorável como é na sua própria simplicidade, continua sendo profundamente ambígua: deixa sem realização a tarefa da análise concreta da singularidade histórica do Holocausto. Ou seja: é possível lê-la de duas formas opostas: como expressão conceitual de uma posição extrema que deveria então ser explicada em termos de uma análise histórica concreta; ou, numa espécie de curto--circuito ideológico, como uma visão da estrutura apriorística do fenômeno de Auschwitz que desloca, torna supérflua – ou pelo menos secundária – essa análise concreta da singularidade do nazismo como projeto político e de por que ele gerou o Holocausto. Nessa segunda leitura, "Auschwitz" se torna o nome de algo que, de certa forma, *tinha* de acontecer, cuja "possibilidade essencial" estava inscrita na matriz mesma do processo político ocidental – mais cedo ou mais tarde, os dois lados do eixo *teriam* de entrar em colapso.

Então, os acontecimentos de 11 de setembro têm algo a ver com o Deus obscuro que exige sacrifícios humanos? Sim – e, exatamente por essa razão, eles não estão no mesmo plano da aniquilação nazista dos judeus. Aqui se deve seguir Agamben,[3] e rejeitar a famosa leitura de Lacan do Holocausto (o extermínio nazista dos judeus) como, exatamente, o holocausto de acordo com o antigo significado judeu do termo, o sacrifício a deuses obscuros, destinado a satisfazer sua terrível exigência de *jouissance*;[4] os judeus aniquilados pertencem à espécie do que os antigos romanos chamavam *Homo sacer* – os que, apesar de humanos, estavam excluídos da comunidade humana, razão pela qual eles podem ser mortos impunemente, *e, por essa mesma razão, não se pode sacrificá-los (porque não são uma oferenda sacrificial digna).*[5]

A explosão espetacular das torres do WTC não foi simplesmente um ato simbólico (no sentido de um ato cujo objetivo é "passar uma mensagem"): foi principalmente uma explosão de *jouissance*, um ato perverso de fazer de si mesmo o instrumento da *jouissance* do Outro. Sim, a cultura dos atacantes é uma

---

[3] Ver Agamben, *Homo sacer.*

[4] Jacques Lacan, *The Four Fundamental Concepts of Psycho-Analysis*, Nova Iorque, Norton, 1979, p. 253. [Ed. bras.: *Quatro conceitos fundamentais da psicanálise*, Rio de Janeiro, Zahar, 1979.]

[5] Por que então o termo "holocausto", apesar de ser errado, ganhou tamanha aceitação tanto entre os judeus quanto entre os gentios? Ele suaviza o núcleo traumático da aniquilação dos judeus fazendo que esta seja concebida como uma operação sacrificial (perversa, mas ainda assim, em última análise) significativa: melhor ser o objeto precioso sacrificado do que o *Homo sacer* cuja morte nada significa... Em 2000, um grande escândalo foi causado em Israel pela afirmação de um líder rabino ortodoxo de que os seis milhões de judeus que foram mortos pelos nazistas não eram inocentes: sua morte foi um castigo justificado; provavelmente foram culpados de ter traído Deus... A lição que se tira dessa bizarra história é, mais uma vez, nossa extrema dificuldade em aceitar a falta de significado da catástrofe absoluta.

mórbida cultura de morte, a atitude que encontra a satisfação culminante da própria vida numa morte violenta. A questão não é o que os "fanáticos loucos" estão fazendo, mas o que os "estrategistas racionais" por trás deles estão fazendo. Há muito mais loucura ética no planejamento e execução estratégicos de operações de bombardeio em larga escala do que no indivíduo que se explode no processo de atacar o inimigo. É verdade, o objetivo último dos ataques não foi nenhuma agenda ideológica oculta nem evidente, mas – exatamente no sentido hegeliano do termo – (re)introduzir a dimensão de absoluta negatividade em nossa vida diária: destruir o curso diário isolado das vidas de nós todos, os verdadeiros Últimos Homens de Nietzsche. Há muito tempo, Novalis observou com perspicácia que o que o homem mau odeia não é o que é bom – ele odeia excessivamente o mal (o mundo que ele considera mau), e portanto tenta feri--lo e destruí-lo tanto quanto lhe for possível –, é *isso* que está errado nos "terroristas". Por mais sacrílego que possa parecer, os ataques ao WTC têm algo em comum com o ato de Antígona: os dois solapam o "serviço dos bens", o reino do princípio da realidade-prazer. A coisa "dialética" a ser feita nesse caso, entretanto, não é incluir esses atos numa narrativa mais abrangente do Progresso da Razão ou da Humanidade, que de alguma forma, se não os redime, pelo menos torna-os parte de uma narrativa consistente e abrangente, "nega-os" num estágio "mais alto" de desenvolvimento (a ingênua noção do hegelianismo), mas leva-nos a questionar nossa própria inocência, tornar temático o nosso próprio investimento e engajamento (libidinal fantasmático) neles.

Portanto, em vez de continuar presos num assombro debilitante diante do Mal Absoluto, o assombro que nos impede de pensar no que está ocorrendo, devemos nos lembrar de que há duas formas fundamentais de reagir a eventos tão traumáticos, que causam angústia insuportável: a forma do supereu e a forma do ato. A forma do supereu é precisamente a do sacrifício aos deuses obscuros de que fala Lacan: a reafirmação da violência bárbara da selvagem lei obscena para cobrir o vazio do fracasso da lei simbólica. E o ato? Um dos heróis da *Shoah*, na minha opinião, foi a famosa bailarina judia que, num gesto de humilhação especial, foi convocada por um grupo de oficiais do campo para dançar para eles. Em vez de recusar, aceitou fazê-lo. Enquanto prendia a atenção deles, tomou rapidamente a metralhadora de um dos guardas e conseguiu matar mais de uma dúzia antes de ser ela própria abatida a tiros... O seu ato não foi comparável ao dos passageiros do voo que caiu na Pensilvânia, os quais, sabendo que iam morrer, forçaram a entrada na cabine de comando e jogaram o avião no chão, salvando centenas de outras vidas?

De acordo com o antigo mito grego, Europa foi uma princesa fenícia raptada e violentada por Zeus disfarçado de touro – não é de admirar que seu nome signifique "a infeliz". Não é esse o verdadeiro retrato da Europa? Não foi a Europa (como noção ideológica) que surgiu como resultado de dois raptos iguais de uma pérola oriental pelos bárbaros do Ocidente: primeiro os romanos raptaram e vulgarizaram o pensamento grego; depois, no início da Idade Média, o Ocidente bárbaro raptou e vulgarizou o cristianismo? E não está ocorrendo hoje coisa semelhante pela terceira vez? Não seria a "guerra ao terrorismo" a conclusão abominável, o "pingo no i", de um longo e gradual processo de colonização ideológica, política e econômica da Europa pelos EUA? Não foi a Europa mais uma vez raptada pelo Ocidente – pela civilização americana, que agora define padrões globais e trata *de facto* a Europa como sua província?

Depois dos ataques ao WTC, a grande história na mídia foi o crescimento do *Schadenfreude* antiamericano e a falta de simpatia humana pelo sofrimento americano entre a *intelligentsia* europeia. Mas a verdade é exatamente o contrário: a total falta de uma iniciativa política europeia autônoma. Depois do 11 de Setembro, a Europa – os principais países da União Europeia – adotou a atitude do "compromisso incondicional", cedendo à pressão americana. A guerra no Afeganistão, os planos de ataque ao Iraque, a nova explosão de violência na Palestina: a cada vez, houve vozes abafadas de oposição na Europa que levantaram questões particulares, e apelos por uma abordagem mais equilibrada; mas não houve resistência formal, nem a imposição de uma diferente percepção global da crise. Nenhuma instituição oficial europeia arriscou uma discordância amistosa mas clara com a posição americana. É natural, então, que essas vozes de protesto tenham logo se calado – não tiveram, literalmente, a menor importância, meros gestos vazios cuja função foi permitir a nós, europeus, dizer a nós mesmos: "Veja, nós protestamos, cumprimos o nosso dever!", ao passo que em silêncio endossávamos o *fait accompli* da política americana.

O fiasco chegou ao máximo com a invasão israelense da Margem Ocidental, onde a situação exige uma nova iniciativa política, a única coisa capaz de quebrar o impasse atual. O aspecto mais frustrante dessa crise é que nada pode ser feito, embora todos estejam cientes de como deve ser a solução: dois Estados, Israel e Palestina; a evacuação das colônias judias da Margem Ocidental em troca do reconhecimento integral do Estado de Israel e de sua segurança. (Todos, com exceção da linha-dura israelense e os que os apoiam nos Estados Unidos: num pronunciamento pelo rádio no início de maio de 2002, Dick Arney, líder da minoria do Senado americano, defendeu a completa "limpeza étnica" da Margem Ocidental – os palestinos deveriam simplesmente ser expulsos... E não é esta a verdadeira agenda oculta da ação militar israelense?) A Europa está em posição ideal para dar partida a essa iniciativa – com a condição de conseguir reunir a força suficiente para se distanciar claramente da hegemonia americana. Agora que a Guerra Fria terminou, não há nenhum obstáculo sério a um gesto como este: a Europa só precisa ter a coragem de fazê-lo.

A verdadeira catástrofe político-ideológica do 11 de Setembro foi europeia: o resultado do 11 de Setembro foi um fortalecimento sem precedentes da hegemonia americana em todos os seus aspectos. A Europa sucumbiu a uma espécie de chantagem americana: "O que está em jogo agora não são diferentes opções econômicas ou políticas, mas nossa própria sobrevivência – na guerra ao terrorismo, ou vocês estão conosco ou estão contra nós". E é aqui, nesse ponto em que a referência à sobrevivência faz sua entrada em cena como legitimação última, que estamos tratando com a ideologia política em estado puro. Em nome da "guerra ao terrorismo", uma certa visão positiva das relações políticas globais está sendo lentamente imposta aos europeus. E se o legado emancipatório da Europa vai sobreviver, devemos tomar o fiasco do 11 de Setembro como o último alerta de que o tempo está acabando, que a Europa deve se afirmar rapidamente como *força ideológica, política e econômica com prioridades próprias*. Será uma Europa unificada, e não a resistência do Terceiro Mundo ao imperialismo americano, o único contraponto viável aos EUA e à China como as duas únicas superpotências globais. A esquerda deve, sem pruridos, se apropriar do *slogan* da Europa unificada como um contrapeso ao globalismo americano.

E os próprios nova-iorquinos? Durante meses depois do 11 de Setembro foi possível sentir no sul de Manhattan, até a rua 20, o cheiro dos incêndios das torres do WTC – as pessoas se prenderam a esse cheiro, ele começou a operar como o que Lacan teria chamado de "sintoma" de Nova Iorque, uma cifra condensada da ligação libidinal do sujeito à cidade, de forma que, quando desaparecer, ele há de deixar saudades. São detalhes como esse que dão testemunho do amor pela cidade. Esse amor só se torna problemático quando se transforma na suspeita de que os outros não compartilham da dor da América, como se vê na queixa comum dirigida pelos liberais americanos aos europeus de esquerda – a de que eles não demonstraram compaixão sincera pelas vítimas dos ataques de 11 de setembro. Seguindo a mesma linha, a censura americana à crítica europeia de sua política é a de que se trata de um caso de inveja e frustração por se ver reduzido a um papel secundário, da incapacidade dos europeus de aceitar a própria limitação e declínio (relativo); mas o contrário não estaria mais próximo da verdade? A reação americana mais fundamental (pelo menos) desde a Guerra do Vietnã não seria a surpresa de saber que não são amados pelo que estão fazendo pelo mundo? Tentamos apenas ser bons, ajudar os outros, trazer a paz e a prosperidade, e veja só o que recebemos em troca... A ideia fundamental de filmes como *Rastros de ódio*, de John Ford, e *Taxi Driver*, de Martin Scorsese, é ainda mais que relevante.

Essas queixas são apoiadas pela censura muda de que os europeus não participam realmente do Sonho Americano – e essa censura é totalmente justificável: o Terceiro Mundo não tem condições de gerar uma resistência suficientemente forte contra o Sonho Americano; na atual constelação, somente a Europa é capaz disso. A verdadeira oposição hoje não é a que existe entre o Primeiro e o Terceiro Mundos, mas a que existe entre o conjunto do Primeiro e do Terceiro (o império global americano e suas colônias) contra o Segundo (Europa). Comentando Freud, Adorno afirmou que o que estamos tendo no "mundo administrado" contemporâneo e sua "dessublimação repressiva" não é mais a velha lógica da repressão do Id e seus impulsos, mas um perverso pacto direto entre o Supereu (autoridade social) e o Id (impulsos agressivos ilícitos) em prejuízo do Ego. E não existe coisa semelhante ocorrendo hoje no nível político, o estranho pacto entre o capitalismo global pós-moderno e as sociedades pré-modernas em prejuízo da modernidade propriamente dita? É fácil para o Império global multicultural americano integrar as tradições pré-modernas locais – o corpo estranho que não consegue assimilar efetivamente é a modernidade europeia. Jihad e o McWorld são os dois lados da mesma moeda, a Jihad já é McJihad.

A principal notícia que chegou da China em 2002 foi a emergência de um movimento operário de grande escala que protesta contra as condições de trabalho, que são o preço pago pela China para se tornar rapidamente o principal centro de manufatura do mundo, e a forma brutal como as autoridades o dobraram – mais uma prova, se é que há necessidade de prova, de que a China é hoje o Estado capitalista ideal: liberdade para o capital, cabendo ao Estado o "trabalho sujo" de controle dos operários. A China vista como superpotência emergente do século XXI parece assim corporificar um novo tipo de capitalismo impiedoso: descaso pelas consequências ecológicas, descaso pelos direitos dos trabalhadores, tudo é subordinado ao impulso cego de se desenvolver e se tornar a nova superpotência. A grande questão é: o que os chineses vão fazer com relação à revolução biogenética? Não se pode assegurar com certeza que eles vão se dedicar à manipulação genética descontrolada de plantas, animais e humanos, contornando todos os preconceitos e limitações morais "ocidentais"? E, com a expansão da tecnologia biogenética, relativamente barata (Cuba já é altamente desenvolvida nessa área), isto não será verdade para muitos países do Terceiro Mundo? (Apesar de, evidentemente, ser verdade que – pelo menos até agora – a China é definitivamente a superpotência com o menor nível de intervenção imperialista, de tentativa de expansão de sua influência e de controle dos vizinhos.)

A tensão entre os EUA e a Europa já é observável até mesmo no interior do que sobrou da esquerda política: a "americanização" chegou aqui sob o disfarce da noção de que a esquerda deveria endossar sem reservas a dinâmica da globalização, a multiplicidade desterritorializante do capitalismo recente... Michael Hardt e Negri percebem dois caminhos de oposição ao império capitalista global: ou a defesa "protecionista" da volta à forte Nação-Estado, ou o uso de formas ainda mais flexíveis de multiplicidade. Seguindo essas linhas, em sua análise do Fórum Social Mundial de Porto Alegre, Hardt enfatiza a nova lógica do espaço político: já não se tem a velha lógica binária do "nós contra eles" com o chamado leninista de uma linha partidária única, mas a coexistência de uma multiplicidade de agências e posições políticas que dividem a mesma plataforma, apesar de serem incompatíveis quanto à sua orientação ideológica e programática (desde agricultores e ecologistas "conservadores" preocupados com o destino de suas tradições e patrimônio locais, até grupos e agentes de direitos humanos que defendem os direitos dos imigrantes e a mobilidade global). Efetivamente, é a atual oposição ao capitalismo global que oferece uma espécie de imagem espelhada da afirmação de Deleuze acerca da exigência inerentemente antagonística da dinâmica capitalista (uma forte máquina de desterritorialização que gera novos modos de reterritorialização): a resistência de hoje ao capitalismo reproduz o mesmo antagonismo; a defesa de identidades particulares (culturais, étnicas) ameaçadas pela dinâmica global coexiste com exigências de maior mobilidade global (contra as novas barreiras impostas pelo capitalismo, interessadas principalmente na liberdade de movimento do indivíduo). Então é verdade que essas tendências (essas linhas de fuga, como as definiu Deleuze) podem existir de forma não antagonística, como partes da mesma rede global de resistência? Fica-se tentado a responder a essa afirmação pela aplicação a ela da noção de Laclau da cadeia de equivalências: é claro que essa lógica da multiplicidade funciona – pois ainda estamos tratando de *resistência*. Mas o que acontecerá quando – se esse for realmente o desejo e a vontade desses movimentos – "tomarmos o poder"? Como será a "multiplicidade no poder"? Houve a mesma constelação nos últimos anos de decadência do socialismo realmente existente: a coexistência não antagonística, no campo da oposição, de uma multiplicidade de tendências político-ideológicas, desde os grupos liberais de direitos humanos, passando por grupos empresariais "liberais", até grupos religiosos conservadores e de operários esquerdistas. Essa multiplicidade funcionou bem enquanto esteve unida na oposição a "eles", a hegemonia do Partido; uma vez *eles próprios* no poder, o jogo terminou... Ademais, o Estado hoje está realmente definhando (com o advento da tão falada "desregulamentação" liberal)? Ou, pelo contrário, a "guerra ao terrorismo" não seria a afirmação mais forte ainda da autoridade do Estado? Não estaremos testemunhando hoje a mobilização inédita de todos os aparelhos (repressivos e ideológicos) do Estado?

Esses aparelhos de Estado têm um papel crucial no obverso da globalização. Recentemente, uma decisão abominável da União Europeia passou quase sem ser notada: o plano de estabelecer uma força policial de fronteira para toda a Europa a fim de assegurar o isolamento do território da União e assim evitar a entrada de imigrantes. *Esta* é a verdade da globalização: a construção de *novos* muros isolando os europeus prósperos do fluxo de imigrantes. Tem-se a tentação de ressuscitar aqui a velha oposição "humanista" marxista entre "relações entre coisas" e "relações entre pessoas": na celebrada livre circulação aberta pelo capitalismo global, são as "coisas" (mercadorias) que circulam livremente, ao passo que a circulação das "pessoas" é cada vez mais controlada. O novo racismo do mundo desenvolvido é, de certa forma, mais brutal que os anteriores: sua legitimação implícita não é naturalista (a superioridade natural do Ocidente desenvolvido) nem culturalista (nós, ocidentais, também queremos preservar nossa identidade cultural), mas um desavergonhado egoísmo econômico – o divisor fundamental é o que existe entre os que estão incluídos na esfera de (relativa) prosperidade econômica e os que dela estão excluídos. O que se esconde atrás dessas medidas de proteção é a mera consciência de que o modelo atual de prosperidade capitalista recente *não pode ser universalizado* – consciência formulada com brutal franqueza há mais de meio século por George Kennan:

> Nós [os EUA] temos 50% da riqueza do mundo, mas apenas 6,3% da população. Nessa situação, nossa principal tarefa no futuro ... é manter essa posição de disparidade. Para fazê-lo, temos de esquecer todo sentimentalismo ... devemos deixar de pensar nos direitos humanos, na elevação dos padrões de vida e da democratização.[6]

E o mais triste é que, com relação a essa consciência fundamental, há um pacto de silêncio entre o Capital e as classes trabalhadoras (o que restou delas) – as classes trabalhadoras são hoje *mais* sensíveis à proteção de seus privilégios relativos do que as grandes empresas. Essa, então, é a *verdade* do discurso dos direitos universais do homem: *o Muro que separa os que são protegidos pelo guarda-chuva dos direitos humanos e os que estão excluídos dessa cobertura protetora.* Toda referência aos direitos universais do homem como "projeto inacabado" a ser gradualmente estendido a todos os povos é uma quimera ideológica vã – e, diante dessa perspectiva, temos, no Ocidente, o direito de condenar os excluídos quando usam todos os meios, inclusive o terror, para lutar contra sua exclusão?

É esse o teste da seriedade com que consideramos o tópico derridiano-levinasiano da hospitalidade e abertura com relação ao Outro: mais uma vez, esse tópico significa a hospitalidade para

---

[6] George Kennan em 1948, citado em John Pilger, *The New Rules of the World*, Londres e Nova Iorque, Verso, 2002, p. 98.

com os imigrantes (ou os palestinos em Israel) *ou não significa nada*. Pode parecer que Israel está apenas reagindo aos ataques terroristas palestinos; mas o que existe *por trás* desse ciclo de ação e reação não é nada, o *status quo*, senão a contínua *expansão* silenciosa de Israel nos territórios ocupados – a colonização continua sem interrupções, e até mesmo hoje, na primavera de 2002, depois da violenta explosão, quando afirmou a ameaça contra sua própria existência, Israel deu início à construção de mais trinta colônias na Margem Ocidental. Mesmo no governo Barak, que supostamente ofereceu aos palestinos as maiores concessões possíveis, a construção de novas colônias continuou mais depressa do que sob o governo anterior, de Netanyahu. Essa expansão contínua (que evidentemente objetiva a criação de uma situação irreversível, em que a retirada total de Israel da Margem Ocidental se tornará impossível) é o fato *básico* a que reage o terror palestino, o contínuo murmúrio silencioso, o que acontece sem parar, enquanto, para a grande imprensa, "nada está acontecendo". (E ninguém deve esquecer que o terror – bombas em locais civis lotados – é uma antiga arma anticolonial, praticada também pelos argelinos e outros, até mesmo pelos próprios judeus contra a ocupação britânica da Palestina no final dos anos 1940.)

É natural portanto que, numa espécie de eco da Unidade Europeia, Israel tenha dado início, em junho de 2002, à construção de uma muralha de proteção contra as comunidades árabes da Margem Ocidental. Quando os terroristas são cada vez mais descritos em termos de uma infecção virótica, de um ataque de bactérias invisíveis, é preciso lembrar que a comparação dos judeus a "bactérias" que atacam o corpo social sadio é um dos tópicos clássicos do antissemitismo. Seria então o terrorista fundamentalista invisível a última encarnação do Judeu Errante? Seriam os relatos atuais de planos secretos de fundamentalistas muçulmanos para destruir o Ocidente uma nova versão do infame Protocolo dos Sábios de Sião? A atual "guerra ao terrorismo" assinalaria o ponto paradoxal no qual os *próprios sionistas uniram fileiras com o antissemitismo*? Seria esse o preço final do estabelecimento de um *Estado* Judeu?

O que se esconde por trás dessas estratégias escandalosas é o fato de que a democracia (o sistema parlamentar liberal-democrático estabelecido) já não está "viva" no sentido paulino do termo: o trágico é que a única força política séria que hoje está "viva" é a nova direita populista. Enquanto jogamos o jogo de deixar vazio o posto do poder, de aceitar o hiato entre esse lugar e nossa ocupação dele (o próprio hiato da castração), não somos nós, democratas, todos "fidel castros", fiéis à castração? À parte uma administração econômica anêmica, a principal função do centro liberal-democrático é garantir que nada aconteça realmente na política: a liberal-democracia é parte do não evento. A linha de divisão é, cada vez mais, "Viva Le Pen, Haider, Berlusconi!" contra "Morte aos mesmos!" – em que a oposição entre vida e morte se distribui adequadamente entre os dois polos. Ou, expresso em termos nietzschianos (como foram interpretados por Deleuze): hoje a direita populista *age*, define o passo, determina a problemática da luta política, e o centro liberal está reduzido a uma "força reativa": limita-se apenas a *reagir* às iniciativas da direita populista, seja pela oposição radical de uma postura de esquerda impotente, ou traduzindo-as numa linguagem liberal aceitável ("rejeitando, ao mesmo tempo, o ódio dos populistas contra os imigrantes, temos de admitir que eles estão enfrentando questões que realmente preocupam as pessoas, e assim devemos tratar do problema, introduzir novas medidas mais rígidas de controle da imigração e contra o crime ...").

A noção de um Ato político radical como o caminho por onde sair desse impasse democrático só pode provocar a reação esperada dos liberais. A crítica comum se refere ao caráter de supostamente "absoluto" rompimento radical do Ato, que tornaria impossível uma distinção clara entre um ato propriamente "ético" e, digamos, uma monstruosidade nazista: afinal, o Ato não está sempre enraizado num contexto sociossimbólico específico? A resposta a essa crítica é clara: evidentemente, um Ato é sempre uma intervenção específica num contexto sociossimbólico; o *mesmo* gesto pode ser, dependendo desse contexto, um Ato ou uma postura vazia e ridícula (por exemplo, fazer publicamente uma declaração ética quando já é tarde demais transforma uma intervenção corajosa num gesto irrelevante). Onde então se esconde o mal-entendido? Por que a crítica? Há mais uma coisa que perturba os críticos da noção lacaniana de Ato: na verdade, um Ato está sempre situado num contexto concreto – mas isso não significa que ele seja inteiramente determinado pelo contexto. Um Ato sempre envolve um risco radical, o que Derrida, seguindo os passos de Kierkegaard, chamou de *loucura* de uma decisão: é um passo no desconhecido, sem garantias quanto ao resultado final – por quê? Porque um Ato altera retroativamente as próprias coordenadas em que interfere. Essa falta de garantia é o que os críticos não podem suportar: querem um Ato sem risco – não sem riscos empíricos, mas sem o "risco transcendental" muito mais radical, em que o Ato não apenas falhe, mas fracasse radicalmente. Resumindo, parafraseando Robespierre, os que se opõem ao "Ato absoluto" se opõem também ao Ato *como tal*, querem um Ato sem Ato. O que querem é homólogo ao que desejam os oportunistas "democráticos" que, como explicou Lenin no outono de 1917, querem uma revolução "democraticamente legitimada", como se fosse possível primeiro organizar um referendo e, só mais tarde, depois de conquistar uma maioria evidente, conquistar o poder... É aqui que se vê como um Ato propriamente dito não pode ser contido nos limites da democracia (concebida como um sistema positivo de legitimação do poder por meio de eleições livres). O Ato acontece numa emergência em que alguém tem de assumir o risco e agir sem legitimação, engajando-se numa espécie de aposta pascaliana de que o Ato em si há de criar as condições para sua própria legitimação "democrática" retroativa. Por exemplo, quando, em 1940, depois da derrota francesa, De Gaulle convocou a continuação da guerra contra os alemães, seu gesto não teve "legitimação democrática" (naquele momento, a grande maioria dos franceses apoiava claramente o marechal Pétain – Jacques Duclos, o principal comunista francês, escreveu que, se houvesse "eleições livres" em abril de 1940, Pétain teria recebido no mínimo 90% dos votos). Mas, apesar da falta de "legitimação democrática", a *verdade* estava do lado de De Gaulle, e ele falava efetivamente em nome da França, do povo francês "como tal". Isso também nos permite responder à última censura democrática: o ato absoluto (autorreferente) não admite controle externo, que evitaria os excessos terríveis – qualquer coisa pode ser legitimada de uma forma autorreferente? A resposta é clara: como demonstra o caso da França em 1940 (entre outros), a democracia em si não pode oferecer essa garantia; *não há garantias* contra a possibilidade de excesso – esse risco *tem* de ser assumido, e é parte do próprio campo do político.

E, talvez, o objetivo último da "guerra ao terrorismo", da imposição do que só se pode chamar de "estado democrático de emergência", seja a neutralização das condições de tal Ato. De acordo com um velho *tópos* marxista, a evocação do inimigo externo serve para deslocar o foco da verdadeira origem das tensões, o antagonismo inerente ao sistema – basta lembrar a explicação comum do antissemitismo como o deslocamento para a figura do judeu, este intruso *externo* no nosso corpo social, da causa dos antagonismos que ameaçam a harmonia desse corpo. Há, entretanto, também a operação ideológica contrária, a falsa evocação das causas *internas* do fracasso. Em 1940, quando Pétain se tornou o líder dos franceses, ele explicou a derrota francesa como o resultado de um longo processo de degeneração do Estado francês causado pela influência liberal--judia; assim, de acordo com Pétain, a derrota francesa foi uma bênção disfarçada, a recordação terrível e dolorosa das próprias fraquezas e uma oportunidade de reconstituir a força francesa sobre uma base mais sadia. Não encontramos o mesmo motivo em tantos críticos conservadores das sociedades ocidentais permissivo-consumistas? A ameaça última não vem lá de fora, do Outro fundamentalista, vem de dentro, de nossa própria lassidão e fraqueza moral, da perda de valores claros e de compromissos firmes, do espírito de dedicação e de sacrifício... É natural, portanto, que a primeira reação de Jerry Falwell e de Pat Robertson tenha sido a afirmação de que, no dia 11 de setembro, os EUA receberam o que mereciam. E se, então, a mesma lógica der sustentação à "guerra ao terrorismo"? E se o verdadeiro objetivo dessa "guerra" formos *nós mesmos*, nossa própria mobilização ideológica contra a ameaça do Ato? E se o "ataque terrorista", não importa o quanto foi "real" e terrível, for o substituto metafórico último do Ato, para a destruição de nosso consenso liberal-democrático?

POSFÁCIO:
A POLÍTICA DO REAL DE SLAVOJ ŽIŽEK

*Vladimir Safatle**

*Nós esquecemos como ficar preparados
para que mesmo os milagres aconteçam.*[1]

O lançamento deste *Bem-vindo ao deserto do Real!* encerra um hiato de mais de uma década na tradução brasileira da obra de Slavoj Žižek. Após *O mais sublime dos histéricos: Hegel com Lacan* (Jorge Zahar, 1991) e *Eles não sabem o que fazem: o sublime objeto da ideologia* (Jorge Zahar, 1992), as análises e intervenções de Žižek só foram difundidas entre nós em artigos em coletâneas e jornais de grande circulação.

Neste período, o filósofo esloveno foi aos poucos firmando-se como um interlocutor maior nos debates sobre o destino do pensamento político de esquerda, isto ao mesmo tempo em que se transformava em figura de proa dos *cultural studies* norte--americanos ao fornecer uma via de abordagem da cultura contemporânea que passava ao largo da doxa pós-moderna própria ao relativismo reinante. Via fundada em um duplo recurso, em que um certo resgate da tradição dialética hegeliana

---

* Professor de Filosofia da USP e encarregado de curso no Colégio Internacional de Filosofia.

1 Christa Wolf, *The Quest for Christa T.*, New York, Farrar, Straus & Giroux, 1970, p. 24.

180 • Bem-vindo ao deserto do Real!

se encontrava com uma, até então inédita, "clínica da cultura" de orientação lacaniana. O subtítulo de seu primeiro livro editado fora da Iugoslávia não deixava dúvidas: *Hegel com Lacan*. Uma maneira de articular a psicanálise e a tradição dialética que não deixava de remeter à estratégia, inaugurada pela Escola de Frankfurt, de reintroduzir as descobertas psicanalíticas no interior da história das ideias e de fundar uma análise do vínculo social a partir da teoria das pulsões.

Mas o que vale a pena salientar aqui é a peculiaridade no uso da dupla filiação reivindicada por Žižek. Pois ela expõe a particularidade e a fonte do interesse cada vez maior despertado pelo seu projeto sociofilosófico. Tal interesse não deve ser creditado apenas ao seu *estilo de curto-circuitos*; estilo vertiginoso fundado em cortes sucessivos de planos conceituais que permitem passarmos, sem escalas, da discussão dos impasses do imperativo categórico kantiano à filmografia de David Lynch ou transformarmos Jane Austen no equivalente literário do sistema hegeliano. Mais do que isto, o que realmente marca Žižek é sua maneira de recorrer à psicanálise e à tradição dialética a fim de resgatar o projeto racionalista moderno com suas aspirações de emancipação e reconhecimento, assim como sua força de crítica da alienação. Isto talvez explique por que, andando na contramão do momento filosófico atual, Žižek prefira conservar "velhas palavras" como: universalidade fundada sobre um acesso possível ao Real, essência, verdade unívoca, sujeito agente, história onde acontecimentos ainda são possíveis, crítica da ideologia, do fetichismo, do simulacro (ou *semblant*) e outros temas da mesma constelação.

É verdade que defender a constelação conceitual do universalismo nestes tempos de política multicultural e fim das ideologias pode parecer despropositado. Alguns perguntariam se Žižek não está a par do sopro libertário que aparentemente anima a morte do sujeito, a desconstrução da razão moderna, a denúncia genealógica da interação entre saber e poder, a crença na multiplicidade plástica das formas contemporâneas de subjetivação e na contingência radical daquilo que procura se colocar como pós-histórico. Sim, Žižek está a par de tudo isto. Podemos mesmo dizer que é exatamente a tentativa de levar em conta tais desafios que o impulsionou a reconstruir radicalmente o sentido do projeto de modernização presente na tradição dialética. Notemos, por exemplo, como o pensamento de Žižek não procura, em momento algum, legitimar perspectivas que, no limite, visariam fornecer uma teoria normativa da ação social e das práticas expressivas no interior de um Estado Justo. Žižek pode, no máximo, fornecer as coordenadas gerais de um ato de "modernização política", mas não há nada em suas dezenas de livros que diga respeito a protocolos de "institucionalização reflexiva" deste ato mediante a normatização reguladora de práticas sociais. Estranho universalismo este que não procura concretizar-se em realidade jurídica alguma, que se desinteressa pelo estabelecimento de regras universalmente compartilhadas e que parece só estar interessado neste ponto de suspensão no qual o ato político descola-se necessariamente do quadro jurídico.[2]

A negação como ato político

É exatamente neste ponto que entra o Lacan hegeliano de Žižek. O filósofo esloveno percebeu rapidamente que a leitura dialética de Lacan poderia lhe fornecer uma teoria do sujeito

---

[2] Lembremos, por exemplo, a razão que leva Žižek a pregar uma política inusitada de "retorno a Lenin": "O retorno a Lenin é o esforço de reencontrar este momento único no qual um pensamento ainda se transpõe em uma organização coletiva, mas ainda não se fixa em uma instituição (a Igreja estabelecida, a IPA, o Partido-Estado stalinista)" (Žižek, *On Belief,* Routledge, 2001, p. 4).

182 • Bem-vindo ao deserto do Real!

prenhe de consequências políticas e apta a guiar práxis sociais na contemporaneidade.

Sobre o sujeito lacaniano, vale a pena lembrar como a experiência intelectual do psicanalista parisiense traz, pelas vias da negação, uma alternativa à razão centrada na consciência que não implicaria necessariamente abandono do princípio de subjetividade. Lacan é aquele que critica a transparência autorreflexiva da consciência e o *telos* regulador da comunicação plena ao insistir na especificidade do campo do inconsciente e do sexual a todo e qualquer processo autorreflexivo. Ele conhece bem a necessidade de demorar-se diante daquilo que resiste à simbolização reflexiva produzida pelo diálogo analítico. Mas a irredutibilidade do inconsciente e do sexual à simbolização nada tem a ver com hipóstases do arcaico, do inefável ou da afetividade. Daí por que não há nada menos lacaniano do que defender a política do retorno à imediaticidade de uma experiência da origem. Não há nenhuma *positividade primeira* enunciada pelo inconsciente lacaniano, já que ele não é uma caixa de Pandora de onde sairiam pulsões não socializadas e conteúdos recalcados. Ele é, antes, *aquilo que, no sujeito, se define por resistir continuamente aos processos de autorreflexão*. Ele é lugar do que só pode aparecer como irredutivelmente negativo no sujeito. De onde se segue a importância do tema do descentramento do sujeito do inconsciente (e não seu abandono). *Descentramento* que indica a posição de *não identidade* que um conceito não substancial de sujeito sempre sustentará diante dos espaços de representação, de autoapreensão reflexiva e de identificação social.[3]

---

[3] Por coincidência, trata-se da mesma constelação utilizada por Žižek para definir o sujeito hegeliano: "O sujeito hegeliano não é nada mais que o simples movimento de autodecepção unilateral, da hubris de pôr-se em uma particularidade exclusiva que necessariamente volta-se contra si mesma e termina em autonegação" (Žižek, *O mais sublime dos histéricos*, Zahar, 1991, p. 77).

Tal articulação entre sujeito e negação é fundamental para Žižek conservar certas aspirações de emancipação do sujeito próprias ao projeto moderno. Tudo o que ele precisou fazer foi tirar uma *conclusão política* desta "ontologia negativa" que suporta a reflexão lacaniana sobre a função do sujeito. Daí por que Žižek pode afirmar que: "o sujeito é inerentemente político no sentido que 'sujeito', para mim, denota uma partícula de liberdade, já que ele não fundamenta suas raízes em uma substância firme qualquer, mas que se encontra em uma situação aberta".[4]

Esta politização da defesa da irredutibilidade do sujeito marca a maneira com que Žižek entra no debate da contemporaneidade. Lembremos, por exemplo, como ela é mobilizada na viabilização de sua crítica contra a ideologia da "livre escolha" própria ao multiculturalismo liberal, ideologia cujo ápice será o uso da noção de *gender* como construção performativa do sexual. Pois a experiência da negatividade do sujeito indica, entre outras coisas, como o desejo não se satisfaz na assunção de identidades ligadas a particularismos sexuais. O sujeito é aquilo que nunca é totalmente idêntico a seus papéis e identificações sociais, já que seu desejo insiste enquanto expressão da inadequação radical entre o sexual e as representações do gozo (seja na forma de identidades como: *gay*, lésbica, *queer*, SM, andróginos, etc., etc.). Isto permite a Žižek afirmar que *a tolerância da multiplicidade liberal ("cada um pode ter sua forma de gozo") esconde a intolerância diante da opacidade radical do sexual.* O que não deve nos surpreender, já que a falsa universalidade do Capital acomoda-se muito bem a esta multiplicidade. Todas estas reivindicações identitárias (que se dão principalmente na esfera do mercado: para cada identidade um *target* com uma

---

4 In Sabine Reul e Thomas Deichmann, *Entrevista a Slavoj Žižek*, www.otrocampo.com

linha completa de produtos e uma linguagem publicitária específica), estão subordinadas à falsa universalidade do Capital. O mercado é o único meio neutro no qual tal multiplicidade pode articular-se assumindo a figura de uma rede mercantil de *targets*. Para Žižek, toda política da identidade faz assim necessariamente o jogo do Capital. O que nos mostra como a negação pode nos abrir uma via para a fundação de um universal não substancial[5] caro a um pensamento crítico de esquerda que não queira entregar o discurso do universalismo aos arautos do capitalismo global. Contra uma política das identidades, uma política da universalidade da inadequação.

O primeiro gesto político fundamental consistiria então em sustentar esta liberdade negativa dos sujeitos permitindo que ela se inscreva no campo do reconhecimento político. Isto significaria, por exemplo, sustentar os modos de manifestação da resistência do sujeito aos processos de instrumentalização social do gozo. Mas é claro que a perspectiva de Žižek não para aqui. Se este fosse o caso, seria difícil não transformá-lo em defensor contemporâneo da ética da ataraxia, da retórica da perpetuação da falta e da incompletude. Ele seria o melhor exemplo dos "pregadores da resignação infinita", maneira com que Deleuze definia os lacanianos.[6]

Longe da resignação infinita, a aposta de Žižek é outra. Lembremos, por exemplo, de sua tendência secreta em salvar o

---

5 Através desta perspectiva, podemos defender Žižek da acusação de Peter Dews, para quem: "Žižek desenha o sujeito como *essencialmente* dividido entre universalidade e particularidade, mas não fica claro como o *tipo* de universalidade invocada pode resolver este dilema ontológico" (Peter Dews, "The Tremor of Reflection", in *The Limits of Disenchantment*, Verso, 1996, p. 252). A universalidade, em Žižek, é universalidade da experiência do negativo.

6 Cf. Gilles Deleuze e Claire Parnet, *Dialogues,* Paris, Flammarion, 1977, p. 100.

gesto revolucionário de Lenin, distinguindo-o do totalitarismo stalinista.[7] Isto, no fundo, indica sua necessidade de defender a crença em uma *violência criadora* que se transforma em ato revolucionário capaz de romper o ciclo de repetições e suspender a rede de diferenciais que dá forma ao nosso universo simbólico.[8] A negatividade do sujeito deve ganhar a forma de uma violência criadora capaz de romper o ordenamento jurídico. Segundo Žižek, o verdadeiro ensinamento de Lenin, ao insistir na diferença entre "liberdade formal" e "liberdade atual", consiste em mostrar como "a verdadeira escolha livre é aquela na qual eu não escolho apenas entre duas ou mais opções no interior de uma conjunto prévio de coordenadas, mas escolho mudar o próprio conjunto de coordenadas".[9] E talvez isto nos explique também, por exemplo, a complacência de Žižek em relação a autores como Carl Schmitt, para quem o verdadeiro ato soberano é a ação violenta capaz de suspender o ordenamento jurídico ao instaurar um espaço de exceção. Só um gesto desta natureza, que rompe o contínuo da história ao suspender a estrutura simbólica na qual o sujeito inscreve o sentido de seu ato, nos garantiria que a história não se reduz atualmente a um tempo morto e desprovido de acontecimentos.

Mas aqui fica uma questão: se uma certa forma de negação aparece como o ato político por excelência, por que a verdade deste pensamento do político não seria uma simples paixão de purificação cuja última figura é o desejo niilista de aniquilação? Por que não valeria para Žižek, por exemplo, aquilo que Habermas

---

[7]   Ver, por exemplo, Žižek, *Repeating Lenin,* Atkinz, Zagreb, 2002.

[8]   Para Žižek, o ato *é uma categoria puramente negativa,* de onde se segue a necessidade de sublinhar que: "Lacan insiste na primazia do ato (negativo) a despeito do estabelecimento (positivo) de uma 'nova harmonia' através da intervenção de algum Significante-Mestre novo" (Slavoj Žižek, *The Ticklish Subject,* Verso, 2000, p. 159).

[9]   Žižek, *On Belief,* op. cit., p. 121

afirma sobre Carl Schmitt: "É a estética da violência que fascina Schmitt. Interpretada segundo o modelo de uma criação *ex nihilo*, a soberania adquire um halo de sentido surrealista devido à sua relação com a destruição violenta do normativo".[10] É neste ponto que começa *Bem-vindo ao deserto do Real!*

Paixão pelo Real e crítica da ideologia

Bem-vindo ao deserto do Real! começa com a descrição de uma paixão que teria animado toda a história do século XX. Trata-se de uma paixão pelo "Real em sua violência extrema como o preço a ser pago pela retirada das camadas enganadoras da realidade" (p. 19). Ela explicaria a motivação que teria animado os empreendimentos políticos que quiseram fundar uma nova ordem coletiva por meio de uma ciência do real capaz de fazer a crítica radical da aparência (como a ação revolucionária marxista, por exemplo). Em outro campo, ela explicaria também a paixão que animou as vanguardas contemporâneas na tentativa de fazer advir a Coisa real através dos protocolos de crítica à representação, à distinção estruturada em som e ruído, à *mimesis*, entre outros. A paixão pelo Real seria, pois, paixão estético-política pela ruptura, niilismo ativo apaixonado pela transgressão, pela radicalidade da violência como signo do aparecimento de uma nova ordem cujo programa positivo nunca foi exaustivamente tematizado.

A astúcia dialética de Žižek lhe permite demonstrar como tal paixão pelo Real inverteu-se necessariamente em seu contrário anulando seu verdadeiro potencial corrosivo. O desejo de destruição da aparência, desejo animado pela crença na possibilidade do advento de uma nova experiência da ordem do Real, realizou-se como paixão pelo *efeito espetacular de destruição*.

---

[10] Habermas, "The Horror of Autonomy", in *The New Conservatism*, p. 137.

Ou seja, uma das grandes lições do século XX (e 11.9 talvez nos sirva para lembrarmos disto) consistiu em mostrar como a violência criadora da política do Real normalmente acabou por acomodar-se a produção da imagem teatral de aniquilação. "A verdadeira paixão do século XX por penetrar na Coisa Real (em última instância, no Vazio destrutivo)", dirá Žižek, "culminou assim na emoção do Real como o 'efeito' último, buscado nos efeitos especiais digitais, nos *reality shows* da TV e na pornografia amadora, até chegar aos *snuff movies*" (p. 26). A paixão pelo Real acomodou-se à estética da violência.

Mas, sendo assim, o que resta para uma política feita em nome do Real e que teria como seu motor central uma crítica radical capaz de dar conta da extensão das coordenadas capitalistas de produção fetichista da aparência? Para Žižek, não se trata de abandoná-la. Trata-se, surpreendentemente, de compreender que "o problema com a 'paixão pelo Real' do século XX não é o fato de ela ser uma paixão pelo Real, mas sim o fato de ser uma paixão falsa em que a implacável busca do Real que há por trás das aparências é o *estratagema definitivo para evitar o confronto com ele*" (p. 39).

Talvez este ponto fique claro se estivermos atentos à maneira com que Žižek recupera a temática da crítica da ideologia. Longe de compartilhar a crença contemporânea no advento de um horizonte pós-ideológico no qual, por toda posição ser ideológica, nenhuma crítica é possível, Žižek engajou-se desde a primeira hora em uma reatualização da crítica da ideologia que pressupõe a mutação do próprio sentido de "crítica". Neste ponto, sua peculiaridade consistiu principalmente em aproximar o conceito de ideologia das elaborações psicanalíticas a respeito da fantasia. Assim, a fantasia transforma-se em categoria central do político. Mas o que se ganha com esta aproximação entre ideologia e fantasia que leva Žižek a falar em uma "fantasia ideológica"?

188 • Bem-vindo ao deserto do Real!

Aproximar fantasia e ideologia implica uma ampla reconfiguração do conceito de crítica da ideologia. Lembremos como a psicanálise compreende a fantasia como uma cena imaginária na qual o sujeito representa a realização de seu desejo e determina um caminho em direção ao gozo. Sem a ação estruturadora da fantasia, o sujeito não saberia como desejar e estabelecer uma relação de objeto. Ele seria assim jogado na angústia produzida pela inadequação radical do desejo aos objetos empíricos. Ao definir a fantasia como modo de defesa contra a angústia, Lacan vê nela o dispositivo capaz de permitir que o sujeito invista libidinalmente o mundo dos objetos e que os objetos possam adquirir *valor* e *significação*. Nota-se que tudo o que Žižek precisou fazer foi insistir na existência de uma *fantasia social* que estrutura a determinação do valor e da significação da realidade socialmente compartilhada. Fantasia social capaz de produzir uma "objetividade fantasmática"[11] que tem um nome próprio: ideologia.

Duas consequências derivam desta estratégia de compreensão da ideologia como fantasia social. Primeiro, a ideologia deixa de ser vista simplesmente como construção reificada que impede a "descrição das estruturas que, em última instância, definem o campo de toda significação possível",[12] como aquilo que bloqueia o acesso ao Real da economia política onde encontraríamos a totalidade dos mecanismos de produção do sentido e de reprodução da realidade social. Sai de cena a *leitura sintomal* da ideologia como distorção de uma realidade positiva primeira recalcada que deve vir à luz mediante processos "hermenêuticos" de interpretação. Assim como sai de cena a noção clássica do fetichismo como processo de fascinação pelo que aparece,

---

[11] Cf. Marx, *O capital.*

[12] Bento Prado Jr., "A sereia desmistificada", in *Alguns ensaios,* São Paulo, Paz e Terra, 2000, p. 210.

processo de fascinação que impede a apreensão da totalidade das relações sociais. Pois a fantasia não é construção de uma aparência que seria distorção ou recalcamento de uma realidade psíquica positiva primeira; ela é modo de defesa contra a experiência angustiante da inadequação entre o desejo e os objetos do mundo empírico. Em outras palavras, a fantasia é modo de defesa contra a impossibilidade de totalização integral do sujeito e de seu desejo em uma rede de determinações positivas. Isto permite a Žižek operar um curto-circuito e ver na fantasia um modo de desmentir a negatividade radical do sujeito (em sua versão lacano-hegeliana) e, com isto, de criar uma realidade *consistente* na qual nenhum *antagonismo* Real, nenhuma *inadequação* intransponível pode ter lugar e tudo se dissolve na positividade harmônica de um gozo sem falhas.

Neste sentido, a crítica da ideologia deixará de ser feita em nome da economia política ou de algum "conteúdo latente recalcado" que sirva como princípio de descrição positiva, para ser feita em nome dos direitos universais da negação no interior da esfera do político. Daí por que Žižek precisa afirmar paradoxalmente que "a ideologia não é tudo; é possível assumir um lugar que nos permita manter distância em relação a ela, mas esse lugar de onde se pode denunciar a ideologia tem que permanecer vazio, não pode ser ocupado por nenhuma realidade positiva determinada; no momento em que cedemos a essa tentação, voltamos à ideologia".[13] Mesmo quando Žižek recorre à noção de "luta de classes" para nomear o Real do antagonismo que funda a experiência do político, ele toma cuidado de lembrar que luta de classes não pode funcionar como princípio positivo de descrição que nos autorizaria a apreender a sociedade como totalidade racional. Ao contrário: "a luta de classes não é nada

---

[13] Slavoj Žižek (Org.), *Um mapa da ideologia,* Rio de Janeiro, Contraponto, 1996, p. 23.

190 • Bem-vindo ao deserto do Real!

mais do que o nome do limite imperscrutável que é impossível de objetivar, situado dentro da totalidade social, já que ela mesma é o limite que nos impede de conceber a sociedade como uma totalidade fechada".[14] A luta de classes é apenas o nome do ponto cego intransponível do social.

Só um discurso negativo poderia, pois, escapar da ideologia. O que não significa necessariamente que colocamos os dois pés no niilismo.[15] Pensemos, por exemplo, em Claude Lefort e sua maneira de lembrar que o único discurso feito em nome da invenção democrática contra o totalitarismo das construções ideológicas é o discurso de defesa do lugar do povo como um lugar vazio que nunca pode ser corretamente preenchido: "A legitimidade do poder funda-se sobre o povo; mas à imagem da soberania popular junta-se a imagem de um lugar vazio, impossível de ser ocupado, de tal modo que os que exercem a autoridade pública não poderiam pretender apropriar-se dela".[16] Esta não saturação do lugar do povo na democracia, esta negatividade própria ao povo como conceito político indica como o reconhecimento do desejo popular só ocorre quando reconhecemos que nenhuma ordem jurídica pode falar *em nome* do povo. Assim, a verdadeira política do Real não é aquela animada pela tentativa violenta de purificação de toda opacidade do social, mas é aquela feita em nome da irredutibilidade dos

---

[14] Ibidem, p. 27

[15] Até porque, como Žižek faz questão de lembrar: "se há uma lição ético-política da psicanálise, ela consiste na compreensão de como as grandes calamidades do século (do Holocausto ao *desastre* stalinista) não foram o resultado de uma atração mórbida pelo vazio, mas, ao contrário, do resultado do esforço em evitar uma confrontação com isto e em impor a regra direta da Verdade e/ou Bondade" (Slavoj Žižek, *The Ticklish Subject,* op. cit., p. 161).

[16] Claude Lefort, *A invenção democrática,* São Paulo, Brasiliense, 1987, p. 76.

antagonismos que fundam a experiência do político. Pensar um ato capaz de suportar as consequências de antagonismos que não se deixam apagar é, segundo Žižek, uma tarefa que está apenas começando.

Este livro foi composto em Adobe Garamond
12/15 e reimpresso em papel Avena 80 g/m^2 na
gráfica Rettec para a Boitempo, em outubro de
2020, com tiragem de 1.000 exemplares.